U0347254

人心为上
做公关

徐 慧 / 著

机械工业出版社
CHINA MACHINE PRESS

公关作为一门艺术，旨在深入人心、塑造形象。本书作者从优秀公关人员所需的基本素质与技能出发，围绕公关如何做人心这一主题，精心构建了六章内容，包括能力基石、打动人心、走进人心、捍卫人心、凝聚人心和见人见心。本书不仅解析了作者亲历的众多公关案例，沉淀了诸多一手经验，还提供了专业的方法工具。无论对于即将踏入公关领域的初学者，还是希望在职业道路上更进一步的资深公关从业者、企业经营管理者、品牌公关市场媒体的专业人士来说，本书都是一本实用的工作指南。

图书在版编目（CIP）数据

人心为上做公关 / 徐慧著 . —北京：机械工业出版社，2024.5
ISBN 978-7-111-75708-5

I. ①人… II. ①徐… III. ①公共关系学 IV. ① C912.31

中国国家版本馆 CIP 数据核字（2024）第 087280 号

机械工业出版社（北京市百万庄大街 22 号　邮政编码 100037）
策划编辑：秦　诗　　　　　　　　　责任编辑：秦　诗　董一波
责任校对：李可意　马荣华　景　飞　　责任印制：郜　敏
三河市国英印务有限公司印刷
2024 年 8 月第 1 版第 1 次印刷
147mm×210mm・8.375 印张・1 插页・235 千字
标准书号：ISBN 978-7-111-75708-5
定价：69.00 元

电话服务　　　　　　　　　网络服务

客服电话：010-88361066　机 工 官 网：www.cmpbook.com
　　　　　010-88379833　机 工 官 博：weibo.com/cmp1952
　　　　　010-68326294　金 书 网：www.golden-book.com
封底无防伪标均为盗版　机工教育服务网：www.cmpedu.com

北京师范大学哲学学院教授、博士生导师◎刘成纪

　　一个企业良好的公共形象不仅关乎社会评价，事实上也是一种生产力。这部著作是作者在大型跨国公司从事多年公关工作的总结，有理论，有视野，有高度，有立场，有情怀，更有堪称典范的大量实操案例，对我国公共关系学科的建设和实践具有重要的借鉴意义。

　　我们生活在一个每天都在发生故事的世界。对于个人而言，要讲好自己的故事；对于企业而言，要讲好企业的故事；对于国家而言，要讲好中国故事。三者看似有别，但在本质上却是一致的。在这部著作中，作者既是在讲公关理论和实操经验，同时也映现了她个人的奋斗史，具有特殊意义。

　　让人骄傲的是，本书作者是我在高校任职所教的第一届学生，同时也是她所在年级的兼职辅导员。高远的人生理想、阳光的个性、杰出的文学才华、良好的沟通能力、敏锐的判断力和高效的行动力，是她留给我的深刻印象。这部著作显现了她走出校门后的成长轨迹，也是我们师生多年来美好友谊的见证。

上海市外商投资协会决策咨询专家委员会委员◎唐健盛

我认识徐慧 20 年了，最开心的便是一起围炉煮茶盘点江湖上的风风雨雨。我一直建议她写本书，因为她的阅历和心得可以说是公关界的财富。

这本书涵盖了品牌与公关的方方面面。企业公关人应对日常想要少走弯路，就有必要花心思研读。对书中的内容我不赘述，因为很难超越或是有更深刻的理解。

如果说公关是门学问，做学问的至高境界便是通透。在互联网社交时代，公关所面对的是"舆论场"，品牌的顾客、竞品、监管部门、投资方等都在一个场域内，还有为数众多的"围观群众"。大家的站位、认知和价值判断都不同。舆论场的圈层穿透效应着实很厉害，过度情绪化的网民表达会实实在在影响品牌的口碑。危机发生后，老板们通常都很焦虑，但老板们特别是外企的总部一般都不了解我们的舆论场。在这方面我很佩服徐慧，因为她能让公关在公司说话管用，对外声明能说到点上，个中秘籍可以从这本书里找。

徐慧在书中强调"三观必须正"，我特别认同。做生意要懂得和气生财，做公关要学会平息事端。把公关做好，企业就能专心做生意，消费将更加繁荣，社会也会更加美好。

上海广播电视台首席主持人◎海波

我经常为各行各业做培训，讲得最多的就是如何看待媒体的舆论监督。我会苦口婆心地剖析媒体报道的视角，毫无保留地告知媒体监督的目的实则和企业相同，都是为了帮助企业提高服务质量和优化流程，最终让消费者满意。但无论我怎么讲，从媒体角度看公关和从企业角度看媒体，仍然会有无法逾越的心理障碍。换位思考说起来容易，做起来难。

《人心为上做公关》有效地解决了这一顾虑。作者徐慧经历的公关大事件，可能非同行所能想象，但她表现出了高度的专业性和责任心。她具备卓越的沟通技巧和组织能力，能够迅速应对各种复杂情况。在处理危机时，她展现出了超凡的判断力和应对能力，能够迅速化解危机，维护公司形象。

本书最大的特点是讲清楚了公关的工作内涵和外延。真正的公关部是一家企业或品牌不可或缺的基石，其内部严丝合缝的逻辑和外部有条不紊的设计是企业或品牌最好的防护网和侦察兵。只有吃透公关的真谛，才能在经受严峻考验的时候发挥不可替代的作用，并产生更可靠、更大的价值。

《中欧商业评论》前出品人、中欧出版集团前高级副总裁◎申音

今天的大型企业，既处在一个复杂多变的社会环境之中，同时又以各种主动或被动的行为影响社会。大型企业要想高质量和可持续地发展，就不得不慎重对待和处理公共事务。兹事体大，事关企业生死。

作者徐慧的《人心为上做公关》，不仅有她 20 多年来在不同企业，特别是在大企业操盘带队的经验沉淀，更有历经考验之后的系统思考。在本书中，徐慧不但分享了大量亲历的案例解析，而且还有鲜明的价值主张和专业的方法工具。特别是近年来连锁零售消费领域面临的各种公关挑战，本书有相当独到的见地，值得身处企业舆论场中的每一位从业人士详读。对于大型企业的经营管理者、公共事务担当执行者和品牌公关市场媒体的专业人士，尤其具有难得的参考价值。

1989 年年底，我接手管理中国肯德基业务，当时内地只有四家店。到 2015 年我退休的时候，百胜餐饮集团（旗下还有必胜客、塔可钟等品牌）中国事业部已经有 7000 多家店，远远超过麦当劳和其他竞争品牌。

百胜在中国市场取得的成功，是依靠所有团队成员一点一滴打造出来的。我们在中国走了一条与美国总部非常不同的路径。我们对每一个品牌都依据中国消费者和供应环境的不同重新定位和打造，这是一个非常难得的经验，也是外界最感兴趣的内容，并希望从我们实际负责过的人这里得到更多分享。但是我总觉得写一些只言片语对读者帮助有限，所以在退休初期迟迟没有动笔。终于在 2022 年春出版了《正路：我在百胜餐饮 26 年的感悟》这本书，我把我执掌百胜中国 26 年期间对中西方智慧和管理理念的一些思考和运用做了全面总结，分享给有缘的读者。书中虽然列举了一些肯德基、必胜客的案例，但是很多读者都意犹未尽，特别好奇我们当年家喻户晓的一些公关危机案例的应对。写书期间，我也曾经动念纳入这个话题，但最后还是放弃了，主要原因就是这个题目太大。如果要谈，就需要很大的篇幅，与全书架构不匹配。但如果只是泛泛地讲些幕后花絮，这也不是我的风格。

但是有个人比我更适合写这个题目。本书的作者徐慧长期在百胜负责品牌的公共事务工作。她本人非常优秀，聪明勤奋，文笔又好，是我在百胜的好战友、好搭档。我退休以后，她也离开百胜，去美国学习，之后又加入另一家跨国公司工作，让视野更加开阔和完整。我写书时，她更是非常热心地帮我读稿，给了很多宝贵意见。

当她跟我提出想写一本与公关内容相关的书的时候，我非常赞成。因为我觉得这个领域需要有人站出来，帮助梳理思路，搞清楚到底什么才是做好企业公关工作的"正路"。

我个人虽然不是做公关出身的，但作为企业的 CEO，我不能不学、不能不懂。在我看来，品牌是最重要的资产，而打造品牌并不只是产品营销，还需要让消费者和社会大众能够正面地评价品牌，正可谓拥有"人心"。

广告和其他营销手段固然可以吸引消费者眼球、传递产品信息，但只是消费者认识品牌的途径之一。如果品牌能够在中立的媒体报道中正面出现，就可以更好地丰富品牌形象的内涵，这是正面的效果。但水可载舟，亦可覆舟。如果是负面新闻，再好的品牌形象也可能受到沉重打击。

我非常看重公关工作，而且知道这个工作的不容易。公司其他部门基本上都是和类似的人打交道，包括采购部。只有公关，必须和形形色色的人，或者合作，或者周旋。这些人有着非常复杂、不同的背景和思考方式，与跨国公司的工作作风很不相同。另外，我们是一家总部在美国的跨国公司，美国总部的公关部工作内容相对单一，是一个只有几个人的小部门，他们按流程规则办事就好。而国内的公共关系工作环境则更加复杂，挑战也更大。我为了让其他业务部门的同事能专注他们自身的工作，特别强化了公共事务部的编制，把许多与外界打交道的职能都整合到这个部门，让专业的人做专业的事。

百胜因为拥有强大的公关团队，所以可以做很多别家公司做不到的事。除了照拂好顾客投诉、处理好政府和媒体关系……这些基础工作，关键是我们还可以主动出击，做好为品牌加分的宣传工作，甚至是参与回报社会的大型公益项目，把品牌理想全面实践到每一个层面。

徐慧和我一起工作多年，她对百胜的公共事务部要做什么、怎么做，都一清二楚，她甚至是探索人、创立者。与一个有两百多人、分布全国的公关团队并肩作战，还可以聘用外部资源，举办大型活动，比大型公关公司还厉害。希望读者朋友能从这本书中看到什么才是完整的公关 。

但这本书更重要的目的，不是讲如何做完整的公关，而是希望读者认识什么才是公关的"正路"。

公关绝对不是一般人想象的那样，每天只是和政府、媒体打交道，只知道帮公司高层安排拜访领导，或收集各类消息，出事了就动用各种手段大事化小、小事化无。

公关确实要和政府、协会等政策决策单位进行沟通，确实要认识重要的媒体和意见领袖，但它真正的目的是要让所有相关人对公司有一个正确认识，知道公司是一个正直而且有担当的好企业。唯有这样，他们才愿意与我们交流沟通。因为大家都有一个共同的目的 —— 让这个社会更加美好。

苏敬轼

百胜餐饮集团全球董事局前副主席

百胜中国前主席兼首席执行官

与徐慧的相识，缘于中国篮协与百胜中国于 2004 年开始的合作，大家联手创办了"肯德基全国青少年三人篮球冠军挑战赛"。这项赛事成功举办，延续至今，创造了持续时间最长、城市覆盖面最广、参与人数最多的国内青少年篮球赛事纪录。徐慧当时是百胜公司负责品牌的公共事务主管，为促成这项赛事的举办，倾注了极大的心血。她的热情、专业和百折不挠的劲头给我留下了深刻印象。

这本书向我们展示了一位职业经理人二十多年来从事公共关系工作的丰富经历，特别是在两家著名的大型跨国公司任职所积累的经验，尤为宝贵。书中全面阐述了作者对于公共关系工作的理解和认知，以及她在工作实践中应对处理复杂环境与矛盾时的所思所想和所作所为。书里既有丰富的实战案例，又有理性思考，真实地反映了一名职业公关人的职业生涯与心路历程。这本书的前言中有一句话："如果说企划做产品，营运做服务，那公关做的就是人心。"这句话一针见血指出了公关工作的真谛，也正好呼应了本书的书名。这是一本"全面认真地讲企业公关人如何做人心的书"，堪称一本很好的公共关系教科书。

全书主题清晰、逻辑性强。作者文笔流畅、语言灵动、表述简洁、情感真挚，对公关事件的分析深入浅出、分寸感强，展现出客观、真诚、专业，读起来令人倍感亲切。

相信此书的出版，一定会引起相关行业人士的关注和兴趣，促进相关学科的研究与发展，使职业人士和有志于在公关领域有所作为的专业人才开阔视野，收获知识和启迪。

李元伟

中国篮球协会前副主席兼秘书长

记得我把书稿拿给编辑老师时，被问到一连串问题：

"你是谁？"

"你为什么写这本书？"

"读者为什么要看你这本书？"

这让我想到了 2016 年为申请杜克大学而准备申请论文的光景。我不断重复着灵魂拷问，直到答案清晰无比。

写这本书是一个渐进的过程。

早先周边的老师和同行建议我抽时间把经手的品牌案例写下来，这些宝贵的经验不应该只是躺在电脑里，或者尘封在危机团队几位核心成员的脑海中。它们应该发挥更大的价值。

我很认同他们的说法，但内心又非常抗拒这件事。一是担心自己能否把这些精彩内容呈现出来，对读者有参考价值；二是身为当事人，我是否有站在外围审视自我的客观。

人都愿意听好话、被表扬，特别是付出了努力辛劳，还经历了常人不知晓的委屈和可能的误解之后，更是如此。好像只有被肯定和认同，才能给自己一个交代。

但写作本身就是一个需要不断自省的过程。直面所有，包括成功和失败。这不是一件容易的事情。

我的职业生涯中有两位贵人。黄良桐（William Wong，未来康年大酒店前总经理）师父把我领进了公共关系（Public Relations, PR）的世界，手把手教了我各种公关技能。而我关于公关领域三观的淬炼和提升要感谢苏总 Sam（苏敬轼，百胜中国前主席兼首席执行官）。他执掌百胜中国（Yum China，旗下拥有肯德基、必胜客、塔可钟等品牌）的 26 年里，我有幸追随他 12 载。汇报线上，他是我的大老板。但幸运的是，有很多项目、新闻发布会、媒体专访、危机处理……我都可以与他近距离工作，从他那里获取能量、汲取营养，还有在困难时刻获得辅导和支持。特别是成立策略组那几年，向他直接汇报危机，更是得他亲授真传，获益良多。

之前在酒店做公关，有点像是在一个相对独立的小社会里，有很大的自主权，自得其乐。但在百胜不一样。我加入那年，肯德基中国刚刚在长城上庆祝开出第 1000 家餐厅，而我离开那年是第 5000 家餐厅开业。这 12 年间，我亲身经历了百胜中国这艘巡洋舰发展为中国餐饮业航母"直挂云帆济沧海"的黄金时代。

由于肯德基的巨大体量，在很多事情发生的那个时间点，我们无先例可借鉴。摸着石头过河、冲锋陷阵，时代赋予我们勇气抒写肯德基在中国的历史。无论是当年创造的成功案例，还是留下的遗憾，百胜中国所有的大事件都与那个时代的重要节点息息相关。我们经手的诸多公关事件，相信可以为同行和后继者留下参考坐标。而许多在外界看来不可能完成的事业，我们也都将其变为现实。这对身为公关人的我而言，是一辈子的财富和荣光。这也是为何我花了相当笔墨在书中分享我与品牌的故事。

聚首终有离别时。2016 年，我决定辞职，去美国求学，完成我多年的一个执念。说是执念，是因为那一年我已经 40 多岁，早已过了读书上学的好年纪。

一年的南加利福尼亚大学学习，18 个月的杜克大学磨炼，我使出了洪荒之力才使所有课业过关。当我终于手捧杜克大学的 MBA 学位证书时，百感交集。近 30 个月的学生生涯，在与来自世界各地的精英们共同学习的日子里，最大的收获不是语言的提升、知识的积累，而是对推己及人、换位思考有了深刻理解，把原来自我感觉良好的认知打出了原形，可以坦诚直面不够优秀的自己和人外有人，可以心平气和地接受批评与自我批评。

充了电重回职场，我想尝试新东西。蕾碧裳集团（L Brands，旗下拥有维多利亚的秘密、PINK、BBW 等品牌）正好有这样一个机会。相信大部分中国消费者认识这家公司旗下的品牌，都是因为过去久负盛名的维密大秀。这么一家知名的老牌跨国公司，对于中国市场却是一名初来乍到的新生，在最初两年经历了各种考验。大中华区的掌舵人虽说是一名外籍人士，但他意识到了创立公关部的迫切性。

百胜和蕾碧裳都是总部位于美国的跨国公司，都属于快消品的范围，但细分下来：一个做餐饮，天天琢磨的都是一日三餐的烟火气；另一家则属于时尚零售，每天想的都是光鲜亮丽的事情。透过消费者投诉数量、类型就能清楚地感受到两家公司业务的大相径庭。自认是公关老法师的我每天都要面对新问题，我所在的大中华区总部每天都在为争取话语权做着各种努力。这所有的一切都是迟到补上的一课，让我真切感受到了许多跨国公司中国总部的公关们正在经历的种种。

在蕾碧裳工作了两年多的时间。因为席卷全球的新冠疫情，集团裁员，作为新市场的中国团队也未能幸免。我在中国的直线老板回了总部，美国的虚线老板之前也已经退休，成立不到三年的大中华区对外传播及政府事务部被裁撤。但我很感谢这段工作经历，它丰富了我的人生阅历，也让我拥有了更加完整的视角和职场体验。

2022 年，突然有了安安静静待在家里的时间。一直折腾的我，终于有机会坐下来，开始直面这本想了许久的书。

我经历过许多危机案例。危机管理，对公关人而言，是让人又爱又恨的一份担当。但它绝对不是公共关系的全部。既然要写公共关系，我是不是可以想得再深入、全面一些？

拿出一张纸，先不设限，想到什么，就记录下什么。待停笔时，一个公关世界的框架已然铺陈在面前。

曾经和一位有着多年经验的出版人聊天，他对公关不太了解，让我用一句话总结公关。我告诉他："**如果说企划做产品，营运做服务，那公关做的就是人心。**"

关于公关的书很多，但还是少了这样一本书，一本全面认真地讲企业公关人如何做人心的书。技巧方面的东西都不难学，但如何做人心的公关，为品牌保驾护航，可能真的需要经历过的人才能讲得出来。

也许是我自不量力，也许是我贪心，还有些理想主义。但我想写这样一本书。在这本书里，我只想好好谈谈走在"正路"上的公关人做的那些和人心相关的事情。

我服务过的品牌，估计多少都曾走进过各位的生活。书中分享的品牌故事和案例，也许让你对熟悉的品牌和可能不熟悉的公关世界又多了一层了解：原来一块炸鸡、一个汉堡、一件内衣背后有一个如此庞大的体系在支撑和运作，还有一群如此"疯狂"的公关人用心血守护着……

当年，黄师父把我带进公共关系这个世界，让我出任酒店的第一任公关部经理。而我在实践中也慢慢爱上了这份职业，砥砺前行，一做就是 25 年。如今，我希望我可以把这些年的实践、观察和思考转换成看得见、摸得着的 Know-how（可理解为"窍门"或"门道"）分享给有缘人。Know-how 这个词和背后的大学问，是我从苏总那里学来的。

本书参照公共关系的职能分类（见图 0-1）构建所有内容。从理论而言，关系管理是底层基础之一，但在实际工作中有一定专业难度。因此，我本着循序渐进的顺序罗列：第 1 章先聊聊公关世界和公关人的基础理念；然后进入如何人心为上做公关的三个实操章节（第 2 ~ 4 章），打动人心的"品牌宣传"—走进人心的"关系管理"—捍卫人心的"危机管理"；第 5 章写给管理人员，估计其他同类书中很少有类似内容，但在我看来，这是公关可否充分发挥职能作用的重要保证；最后一章（第 6 章）则是聊聊情怀。这不是什么心灵鸡汤，而是我对自己的要求和对这个行业的期许。

图 0-1　公共关系的职能分类

各位可以按目录各取所需，也可以只看黑体字，完成一小时的快餐阅读。

不论多或少，都希望读到本书之人有喜从心生的所思所获。

|目录|

01
CHAPTER 1

第 1 章

能力基石：我是一名公关人

公关人很像经纪人。

大部分时间将自己隐身，让服务的公司和品牌成为明星，家喻户晓。

困难时刻，则挺身而出，为公司和品牌保驾护航。

公关到底做什么

一说公关，你会想到什么？

能言善辩、巧舌如簧？吃饭、喝酒拉关系？写各种软文、新闻稿，为公司品牌敲锣打鼓做宣传？还是跑前忙后到处"灭火"应对危机？……

本书将呈现的公关世界肯定不是这个样子。

每当有人问我什么是公关，我宁肯花些时间告之公关人具体都做些什么，也不会简单用一句"公共关系"来回复。在国内，过往的"公关"被赋予了一些特殊含意，让这个词变了些许味道。好在随着时代的进步，人们已经越来越认识到这个工种的专业性和重要性。

公关（PR）是公共关系（Public Relations）的简称。在跨国企业里，一般都设有相关部门，称之为公共关系部或公共事务（Public Affairs，PA）部。部门里的各个岗位，视公司对其职责的不同定义，又会有不同称呼。这里依据公关的六大板块职责，对可能设置的职位一并盘点如下：

- **外部宣传及沟通**
  - ◎ 具体职责
    - ○ 担当新闻发言人
    - ○ 公司形象、品牌形象塑造及维护
    - ○ 公司网站、社交媒体运营及管理

- ◎ 相应职位
  - ○ 企业传播（Corporate Communication）
  - ○ 企业公关（Corporate PR）
  - ○ 对外沟通（External Communication）
  - ○ 外部激励（External Engagement）
  - ○ 活动管理（Event Management）
  - ○ 品牌公关（Brand PR）（有些公司将其归在市场部或企划部）
- **媒体关系及相关事务**
  - ◎ 具体职责
    - ○ 媒体关系网络搭建、拓展、互动和维护
    - ○ 在媒体与企业之间承担桥梁职责，内外讯息双向传递、沟通
    - ○ 为媒体采访等各种媒体事务提供支持
  - ◎ 相应职位
    - ○ 媒体关系（Media Relations，MR）
- **政府事务**
  - ◎ 具体职责
    - ○ 在政府与企业之间搭建桥梁，与相关部门、协会、意见领袖等建立双向、有效的沟通途径，并进行互动
    - ○ 法规游说，争取政策扶持

- 为各项事务提供支持并落实
- 打理行政事务，办理各种支持公司业务开展的证件执照
◎ 相应职位
- 政府事务（Government Relations/Government Affairs，GR/GA）

- **客诉处理、危机管理**
  ◎ 具体职责
  - 处理各种消费者投诉
  - 处理各种紧急事件和危机
  ◎ 相应职位
  - 顾客服务中心（Customer Service Center）
  - 品牌公关或媒体关系人员或政府事务人员兼任

- **慈善事业或公益项目管理**
  ◎ 具体职责
  - 管理各种公益项目
  - 负责对接各种赈灾、捐助、援助等事项
  ◎ 相应职位
  - 企业社会责任（Corporate Social Responsibility，CSR）
  - 环境、社会与公司治理（Environmental，Social and Governance，ESG）

- **内部沟通**
  - ◎ 具体职责
    - ○ 员工沟通与互动
    - ○ 供应商、合作伙伴沟通与互动
  - ◎ 相应职位
    - ○ 内部沟通与员工关系（Internal Communication & Employee Relations）（有些公司将其归在人力资源部）

公共关系的相关岗位不外乎如此。在中国本土企业里，有些把它归在总经理办公室、宣传部，还有的是董事会秘书一并兼任。但不管叫什么，万变不离其宗。

简单来讲，站在消费者的角度，可以这样翻译公关的工作。提到一家公司，想到它的产品、服务如何，那是市场部（Marketing Department）和营运（Operation）的贡献。但一说到这家公司，即联想到"诚信""还不错""是家好企业""有责任有爱心"……，那很大程度上与公关的工作脱不了干系。当然这只是一个很表象、笼统的解释。打造品牌是一项巨大的工程，需要众多职能部门精诚团结，方可完成一关关的打"怪"任务，最终助品牌取得"真经"。

通常情况下，公关部在一家公司里不是业务核心部门，它往往是提供支援的辅助部门。许多公司将其称为"共享服务部门"（Share Service Department）。

每家公司由于架构不同，对公关的定义也会不同。实际工作中，大部分公关人可能只是涉及其中一部分职责。

在我看来，**公共关系是一个全领域都需要涉猎、浸染、融会贯通的工种。很难说上述的每个职能之间有什么绝对的分界线。具体工作范畴视公司业务可能有所不同，但公关人需要修炼的本事都一样。唯有打通关了，并游刃有余，才能不论做什么，都能彰显出这份担当的最大价值。**

当年的丫公司，称我们团队为公共事务部，涉及除员工关系以外的所有公关职能。公共事务部在总部和全国各个市场（分公司）都设有团队，达到近 200 人的建制和规模，这也是为什么我们"上能通天，下能入地"地全方位参与公司的各项业务运作，有所为、有所不为。每当想到此，我都与有荣焉。

为了方便阅读，本书后续内容中将统一使用以下几个概念：

- **公共关系（Public Relations，PR）**，是广义概念，涵括了前文中提及的所有公共关系职能；
- **媒体关系（Media Relations，MR）**，所有与品牌宣传、媒体相关的事务；
- **政府事务（Government Affairs，GA）**，所有与政府部门、协会等相关的事务；
- **公共事务（Public Affairs，PA）部**，则专指丫公司的公共事务部。

公关人的 DNA

人这一辈子，估计都经历过这样的灵魂拷问：我喜欢什么职业？我想做什么职业？我适合做什么职业？究竟是本本分分做一名执行者就好，还是有些野心，追求更高的管理职位？

对于处在择业十字路口、考虑公关专业的人而言，或者对于规划职业生涯、审视自身是否具备一名公关专业人员潜在能力的学生而言，一套具体的衡量指标可能会更有实际帮助。

什么人适合做公关

每一个行当都有它的 DNA。后天努力好学、勤能补拙当然很重要，但一个人想要做公关，还是要具备一些隐性特质。

三观必须正

我珍藏着一封信（见图 1-1），已有 30 年的历史。

那时我大学还未毕业，在一家小有名气的报社实习，带我的范老师是一名非常优秀的记者。一天，我们接到一位年轻奶爸的求助，他的太太在医院生产双胞胎后大出血去世，但却没拿到一个说法。范老师了解了所有情况后，指导我去完成这起医疗事件的追踪调查报道。至今也不知道范老师哪来的自信，让我一个小实习生接手这样一个高难度的案子。

图 1-1 当事医院院长写给笔者的说明信

采访取证的过程很艰难。我一趟趟风里雨里骑着脚踏车从东郊跑到西郊，吃了无数次闭门羹，遭受了无数白眼，熬了无数个大夜。有一次医院工作人员到报社找我对质，总编老师出马斡旋，力挺保护我。历经了一个月的时间，在范老师的指点下，我终于完成了不夹杂个人情绪的调查报道。为此，当事医院的院长特别写信给我，承认这是一次"一级责任事故含有技术因素"，会"合理、合情、合法地解决善后工作"。这次采访经历的种种和最终我们努力换来的公正结果，给即将踏入社会的我立了一个标杆，也在我的心中燃起了一团火。

人就是这样。与优秀的人共事，天天受正能量耳濡目染，你的三观就会不断被冲击矫正，你的内心也会日益强大。

因为亲身感受和经历，同时也看到了自己身上的变化，所以我才会如此看重一名公关人的三观。载舟覆舟，往往一念之间。

这里的"三观"是一个统指的概念，做人有品，做事有度：

- **全局意识**。审时度势。必要时，舍小我、顾大家。
- **诚信诚恳**。尊重事实，直面错误或疏失，不绕不拖，该道歉时就道歉，说到做到。
- **牢记公序良俗，有底线**。心中永远有那么一根红线，不能碰的话题就是不能碰，不能说的话就是不能说。不心存侥幸，认真严谨。

情商在线，智商不差

从事外部沟通，与人打交道，是公关人的日常工作。过去我和团队常提到一个词"懂事儿"（有眼力见儿），指在特定的场合和时间点，清楚地知道应该做什么、说什么，但这绝对不是现在职场里所谓的"彩虹屁"。

人性使然，谁都愿意听好话。**公关人的专业就在于度的拿捏，让人心旷神怡。不过分、不张扬；不卑不亢，恰到好**

处；懂人情世故，但不讨好媚俗；不卑躬屈膝，但情商时刻在线。

做公关的人还要具备好学、会学和善于归纳总结的能力。不会不可怕，没有人是生来就会的。关键在于有没有"对一切未知事物保持好奇"的心性。因为公关工作的敏感性，给公关人试错的机会很小，甚至没有。反之的后果，不是个人的肩膀可以扛得住的。把不合适的人放在不匹配的位置上，于己、于公司都不负责。

不可或缺的敏感度

我曾开过一门课"商业敏感度"（Business Acumen），因为这个特质对公关人非常重要。这门课聚焦公关专业的敏感度训练。一方面帮助团队学习如何捕捉热点，找准时机，策划合适主题的公关项目；另一方面则是提升规避雷区、预警风险、在危机发生前尽可能把其消灭在萌芽中的相应能力。

受过良好训练、敏感度在线的公关人，不仅眼观六路、耳听八方，而且"箭"始终都在"弦"上。平时感觉不到，但在某个时间点，汗毛瞬间就会立起来，耳边响起"叮"的一声："不行，这样会出事儿！"；或者在某个时刻，头皮炸裂，鸡皮疙瘩掉了一地："啊哈，可以这么玩！"

激情永在，创意不断

缺乏激情和创意的公关都是干巴巴的，没有灵气和鲜活的生命力。

公关人的激情在于永葆好奇心，有强烈的欲望去探索一切未知的事物，有热情去学习新知识、新科技。必要时，当事人先嗨起来，然后才有可能去影响其他人。

激情在，做事就会投入，做出来的东西也会有强烈的感染力。这个时候，最明显的信号就是当事人眼中总是亮晶晶（Bling Bling）闪着光。

我常说公关工作魅力无穷，是因为周遭总有不可预知的各种事情发生，总有无限创意可以去玩。只要有想法、有点子，只要这个创意可行、能落地，你就会发现虽有挑战，但机会无限。

敛神静气，厅堂 & 厨房气质兼具

你没有看错。这两个看似不搭的特征组在一起，正是第五个特质：冷静 + 低调。

有激情的公关，不代表鲁莽和盲目。特别是在遇到问题、困难和危机时，不会一惊一乍。一方面稳定军心；一方面思路清楚，知道在哪个紧急时刻应该找什么人、说什么话、做什么事。

很多公关人都有上得厅堂的特质。站在聚光灯下，迅速成为全场瞩目的焦点。但亦需要一颗低调之心，下得了厨房，默默做好幕后工作。

公关人很像经纪人。大部分时间将自己隐身，让服务的公司和品牌成为明星，家喻户晓。困难时刻，则挺身而出，为公司和品牌保驾护航。

执行者需要具备的本事

现在国内的一些大学已经开设了公共关系专业，由此说明一件事情：从事公共关系工作，需要专业知识和技能。

但由于这个专业出现得比较晚，现实生活中做公关的人很少是科班出身的。要不大学里学习中文、新闻专业，要不就是做了几年媒体转行，抑或秘书、行政、人事转岗。我常听到推荐人讲："这个人性格外向，蛮会说话的，文笔还行，又机灵，适合做公关。"

这些能力的确可以作为入门条件，听下来也没什么大差错。但扎实的基本功需要修炼，没有捷径。如果一定要说有什么窍门，那就是睁大眼睛，看看周边有谁可以做老师，哪怕偷师都可以。

那么做一名公关执行者到底需要哪些本领？

这不同于前文提到的特质，那是前提。本小节谈的都是些看得见、摸得着的基本功。实际工作中做得行或不行，立竿见影。

会说、会写、会讲故事

公关人每天都要和不同的人打交道，怎么说话是必修课。

还有那么多东西要写，文笔不能差。这里不是说会写点风花雪月就可以了。扎实的文字基本功、语法功底和文学素养缺一不可，因为公关人需要精准地遣词造句，这在写新闻稿、给政府部门的报告、公司声明、消费者回复……时都会有所体现。功力高低，百字见分晓。

日常工作中，我们时常会听到 " Storyteller "（会讲故事的人）这个词。就是不论写什么、讲什么，都要吸引人，不能索然无味。例如，一开篇有个小钩子（Hook），一下子就可以吸引住读者，接着让他们心甘情愿地读完整个故事，最后还能产生互动和情感维系。

我在 L 公司工作的时候，老板是一名外籍人士。经过一段时间的工作，我发现他本人和带领大中华区团队做出的成绩完全符合一个奖项的评比条件，这个奖项的社会影响力很大。但听说之前公司已经连续申请了两年都没有通过。这激发了我的好奇心，于是认真研究了过去送审的资料。我发现最大的问题就是呈报上去的材料都是干巴巴的东拼西凑。这种让人无法共情的文字，怎么可能打动评审？于是我和团队通过采访他本人、他的太太，以及一起工作的同事、下属后，积累了丰富的素材，然后一气呵成完成了一份全新的参选申请材料。我们将一个生动、立体的人物和他背后中国团队丰满的故事展现在评审面前。他最终成功收获了这份来之不易的荣誉。

当然，会讲故事并不意味着吹牛皮、编故事。首先事实（Facts）、真实数据（Raw Data）必须有，达到标准了，然后再看你如何包装，以何种吸引人的方式把它鲜活地呈现出来。

"吹拉弹唱"都能来两下

这里的"吹拉弹唱"不是指真实的表演能力，而是指背后的制片、场务，即策划、组织、实施一场公关活动需要的能力，是公关人傍身的基本技能。

- 活动策划
- 邀请嘉宾和媒体
- 新闻资料准备和发布
- 活动主持人
- 活动实施和追踪

以上这几点必须信手拈来，游刃有余。

- 物色场地
- 物料设计、制作
- 选择演员和节目

- 视频拍摄、制作
- 场地装饰、舞台搭建、灯光音响

这些不必自己上阵，可以交给第三方完成。但公关人需要有鉴别能力，明白门道和路数；一眼就能看出好与坏、优与劣、贵与贱；清楚知道是不是你需要的东西；最后还能查漏补缺，锦上添花。

审美观不可或缺

我相信大多数人的审美观不是与生俱来的，需要依靠后天培养和训练。

我曾经在一家专注于芯片领域的风险投资公司工作。应聘当天，接受了几位创始人的轮流面试。最终我拿到了入职通知书（Offer）。后来一次偶然机会，得知几位面试官都非常认可我的专业水平，唯有公司创始人之一、科学家高秉强（Ping Ko）评价我"什么都好，就是有些土"。之前我在酒店工作了七年，一直都是身着酒店订制的西装制服，几乎没有思考过日常衣品问题。但这件事让我意识到公关人也是公司的代言人，我的穿着打扮已经不再是个人的事情。当时还没有社交媒体、app 分享穿衣搭配和色彩管理，我只能自学。一方面买来各种时尚杂志观摩；另一方面浸染在各种博物馆的展览中，努力提高艺术修养和鉴赏能力。

我有一位学美术的挚友。她的点拨对我影响深刻。品味是熏陶出来的，不是越贵越好，但一定要有精品意识：看印刷精美的画集、赏品质精良的画展……起点高，潜移默化汲取到的营养自然也会不一样。

当然，审美能力不可能是一蹴而就的，内外兼修，缺一不可。假以时日，就会看到变化。具体到公关日常工作中，小到一张海报、一本宣传册的设计，大到活动现场的舞美装饰，还有各种视频影像的拍摄制作，都会体现出你的审美取舍。这些作品一旦发布出来，能否得到观众的喜爱共情，就是最好的验证。

还要懂点财务和采购政策

一年下来，公关部做宣传、做活动、拍视频、制作印刷品……样样都需要花钱，所以制定预算、合理开支、管理费用等就显得尤为重要。

许多公司的采购部都有一套严格的采购政策。例如，实行三家比价，并通过尽职调查（Due Diligence）等方法建立一个采购数据库。凡是进入到这个库里的供应商才是相对安全的，供各个业务部门选用。但公关部执行这个统一采购政策会有一定困难，需要向采购部、财务部申请个案操作。原因是公关的具体工作涉及许多软性指标。例如，软文需要发布在某几家指定媒体，或者指定某一个导演团队，或者某家公关公司的创意很好，但价格高于市场水平等。这些都不能单纯依靠比价来完成，需要综合评估。另外，一场活动中的设备、灯光、物料等，也不能单一比谁价低，品质保证同样不可忽视。所以这类遴选工作，都考验一名公关人是否懂行情和门道。正可谓买对的，不买贵的。这样一来，与采购部和财务部做沟通、要求特殊政策支持时，要以理服人，才有可能获得对方的理解和支持。

公关的立场

估计一些同行看了这个标题会认为：公关有什么立场？两头受气，里外不是人。

公关人每天和不同的人打交道，扮演什么角色或有何立场，自己可以选吗？面对外界，察言观色、小心说话，甚至还要低声下气、言听计从。在公司里面，要不做夹心饼干，要不努力刷存在感。如果发现内部问题，即使指正出来，也可能人微言轻，没有任何水花；或者等事件爆发，在外面求"爷爷"告"奶奶"，把危机平息了事。所以许多人用实际行动给出了答案：中庸之道，有容乃大。天下太平是最高境界，你好我好大家都好。

我的问题：这种"和谐"真的可以长治久安吗？放眼这些年发生的企业事件、危机，抛开外在因素，很大比例的危机都是因为企业自欺欺人或姑息纵容，从而酿成大祸。

可能有些同仁很委屈："我们提出质疑了，但业务部门要不几句话打发我们，要不就一脸不耐烦地说：'你们不要把那些法规、条例读了一遍又一遍，更不要吓唬我们。如果真的有问题，那也是你的工作。你就应该搞定一切，别来烦我们。'"最得罪不起的是会搬出公司利益和业绩吓唬人的这些业务部门，而且还一幅盛气凌人、理直气壮的样子说：

"我们有 AOP（Annual Operating Plan，年度经营计划）压力、流量压力，你们有吗？我们在前线冲锋陷阵，已经熬了几个大夜了。你们不要在这里浪费我们的时间，讲些有的没的事情。"

"'6·18'和'双11'，这两个黄金销售季必须抓住。别人都在做直播，我们也必须不惜一切代价跟上。现在这个系统只是有一点瑕疵，肯定不会出问题的。"

"这个促销活动和规则可能不够完善，但没有时间修改了。我们必须赶在节日前上线。这是年底最后一波冲销售业绩了，成败就在这一战。如果现在叫停，难道你想大家都拿不到年终奖吗？"

"顾客数据、台账记录是我们的商业机密，是我们的命根子。这些数据当然不能提供，更不能接入外部系统。如果泄密了或者被竞争对手拿走了，你负责？"

"达到你说的这个要求和标准，我们就需要全面升级系统。你知道需要花多少钱吗？这个预算从哪里出？如果再影响了财报数字麻烦就大了。"

"不要大惊小怪，你们懂不懂创意？这也不行，那也不行，都按照你们的要求来，这广告和促销活动哪里还有吸引力？"

"不管你们能不能按期拿来消防安全许可证、食品经营许可证……反正这家店必须按期开业。如果因为没有许可证而被罚了，就是你们公关部的责任。"

……

这些场景是不是很熟悉？怎么办才好？先分享两个案例。

案例1：

早些年，Y公司内部还没有"宣传品审核委员会"（Marketing Communication Committee，MCC，负责审批所有对外宣传品）。我们差不多也是等新产品上市后，与消费者同期看到所有宣传物料。有一年，品牌上市一款新品，我们盯着餐厅海报上"阿拉斯加深海鳕鱼"的字样，神经马上就绷紧了，立即找企划部、采购部同事求证产品原料的产地等广告里发布的信息。果然，相关部门也接到了消费者投诉，要求公司提供"原料来自阿拉斯加""多深算深海"和"到底是蓝鳕鱼还是银鳕鱼"等相关证明材料。由于时间紧，我们先提供了部分资料，但不符合要求，让我们补充，这么一来一往，外部沟通经历了好几轮。而企划负责这个项目的同事认为这个宣传没有问题，是公共事务部办事不力，还来来回回找他们要资料，把事情搞复杂了，于是在配合过程中带着一些情绪。于是我就邀请她和市场分公司同事一起去主管部门接受问询，并做笔录，折腾了大半天时间。结果经历这么一回合后，对方表示：第一，已经充分认识到问题，会提醒团队以后注意；第二，后续一定积极配合，但今后也不再参与此类对外的相关沟通了。这个案件结束后，我们认真做了总结，并在内部分享，得到了各部门的重视。

早些年，小肯的餐厅数量在业界已经一骑绝尘，所以品牌上新品、做促销……都会引发多方关注。俗话讲"枪打出头鸟"不是没有道理的。大家随处一张望，身边就有小肯，就能吃到相关产品，当然就会额外多看两眼，自然也就容易骨头里挑刺。另外，各业务部门也需要不断学习。例如，关于《中华人民共和国广告法》中列明的违禁词"最""第一"等，就需要帮助企划部同仁透彻理解，并将其牢记在心。有一段时间，广告宣传捅了几个娄子，负责投诉的协会老师对我语重心长地说："这种错误也能犯？本来以为你们是数学没学好，现在看来语文也不好！"这个时候，除了道歉、认错，做任何辩解都没有意义，更没必要告知这是哪个部门出的错。但回到公司后，就必须帮助相关部门认识并改正错误。好在"不打不相识"，大家在磕磕绊绊中开始相互理解、精诚团结，并不断学习成长。

案例2：

这些年电商发展迅速，越来越多的公司开始重视线上生意。为了吸引顾客，可谓十八般武艺齐上阵，设计了诸多促销活动。线下门店有自己的方案，自营官网商城又是一套，而各个第三方平台上的旗舰店还要根据平台要求再做一套"算数复杂"的方案，结果就是各种各样的推广活动把顾客看得云山雾罩，设计方案的市场部人员自己也都头昏脑涨，只能依赖电脑系统跑数据来核验这些方案之间是否有价格冲突（Bug）。这也正是我们日常生活中会听说某个品牌被消费者投诉"声称全网最低价，但其实不然"的核心原因。我相信通常情况下大公司不会搞什么"价格欺诈"，拿品牌信誉去冒险，而是它们活动多且复杂到自己都已经搞不清楚了。

我在L公司处理的案子多与电商有关。一天，主管部门通知我们接到两单投诉。一单指出我们官网上的一件运动衣材质"全棉"的标注与实际标签不符；另外一单说衣服买贵了，消费者没有享受到宣传中的优惠价格。我们团队研究了这两单案子后，我凭直觉意识到这应该不是电商团队主观犯错，因为没理由，也没必要。但要搞清楚问题究竟出在了哪里，就需要在后台追溯所有的历史数据，一一截屏，然后再分析排查。这个工作量可想而知。结果电商团队的负责人冲着我的团队成员大发脾气，指责给他们工作添乱。我只能回应："两个案件的定性很重要。如果不能提供充分的证据材料证明品牌不是有意犯错的，那结果只有一个，顶格处罚也不无可能。如果你担得起这个责任，就请书面邮件回复'因为太忙没有时间提供支持'。等行政处罚决定书下来，我会转给你们团队负责缴纳罚金。"结果在很短时间内，我们就收到了电商团队小伙伴提供的海量资料。我们研究了所有资料并一一对比后，发现果真是系统出了问题。主管部门很专业，认真研究了我们提交的所有材料，并到公司调研问询，最终认可了我们的整改报告。这件事之后，电商团队对我们友善了许多。

所以说，公关团队需要帮助公司管理层和相关业务团队充分意识到，外界产生任何质疑，这绝对不是公关部的错，更不能只寄希望于公关部冲出去搞定一切。

解决问题最好的办法就是建立一整套有效的风险预防机制，从根本上杜绝问题的发生。在这个过程中，公关部的职责是帮助企业把伤害、损失降到最低，最大程度维护企业声誉，呵护外界对企业的信任和理解。

不可否认，我们日常生活中有这种现象。企业出了问题，对外发言的公关负责人态度很好，给了一堆理由，表现得很无辜很可怜，但就是不认错、不道歉，捣糨糊、打太极；再或者态度、立场都有了，而给出的解决方案不痛不痒，没有丝毫诚意。这两种做法看似维护了企业利益、减少了损失，实则对品牌的杀伤力更大，而且有蝴蝶效应，不值得效仿。

公关部需要与内部达成共识：第一要务是搞清问题所在，然后才能相应制订应对方案和后续行动计划。如果是外界误会，那公关人就要有理有据、不卑不亢、顶住压力，该找哪个部门就找哪个部门反映问题，争取外部的理解和认同；但如果是自身有问题，内部相应业务部门就一定要全力配合，大家在第一时间坐下来，快速找出解决方案，诚意十足地解决问题。

简而言之，**公关的立场：坚持正确的事情，做该做的事情；看到不对的事情，不能装聋作哑，要想方设法纠偏纠错。**

这两句话看似简单，却是一项很讲智慧的技术活儿。哪怕都是为了公司好，但如果和内部业务部门处成了敌人，那只能是四面楚歌、孤军作战，也不可取。所以不妨尝试一下：互换立场，共情讲理，追求共赢。

实际上说了这么多，都是公关部在公司内部的立场。**在外界眼里，公关的立场就是公司的立场。**

公关人的一言一行都传递着其所在公司的价值和文化，在政府、媒体、公众的眼中和心中映射出"这是一家什么样的公司"的印象。

打造得人心的品牌，拥有得人心的团队，是一项旷日持久的工程。

要不要懂业务

回答"要不要懂业务?"这个问题之前,我们先来做个比较。

十几年前,甚至更早,部门、协会、媒体等组织企业开各种会议,往往会要求公关负责人参会。因为公关人专业,知道如何与他们打交道:明白他们说什么,理解他们要什么,懂得要反馈什么,从而避免让日常沟通成为工作中的障碍。

近几年,这个局面开始发生变化。

但凡组织各种企业召开恳谈会也好,调研会也罢,或者上门走访企业等,会议通知上往往标注"邀请专业部门的负责人参会"。还有外部的论坛、研讨会,如果公共事务副总裁代表企业做演讲,最后呈现出来的头衔也往往是"某公司副总裁"。

为什么会变成这个样子?我观察下来,成在公关,问题也出在公关。因为一些公关人虽然具有丰富的公关经验和技能,但对业务知之甚少或者只是懂一点点皮毛。

现在各个部门务实、高效,致力于打造优秀的营商环境。在很多沟通会上,各职能部门的负责人都在场,听取企业意见,现场解决问题。而一些参会的公关人员则成了瓶颈。虽然公关人带着问题来参会,但当领导们希望了解更多详情时，他们却只能说些场面话或表个决心，大大降低了沟通效率，也白白浪费了这么好的现场办公的机会。

每次参加这样的会议，看到个别翻车的同行，对我都是一次警醒：**不仅要做一名专业公关人，更要成为一名懂业务的专业公关人。**

话虽如此，但实际践行下来不容易。这在公司里面不仅需要大老板的支持，还需要环境和氛围。内部从上到下，必须达成共识，否则公关人想学业务还真是困难重重。

案例 1：

做风投那段时间，因为公司专注扶持半导体（Semi-conductor）领域的初创公司（Startup），文科生出身的我和一堆科学家、金融家共事真的有些惶恐和自卑。想想看，那个微电子（Microelectronics）犹如天书，那些商业计划书（Business Plan，BP）自然也就看不懂。每天去上班前，我都要做自我鼓励："他们懂的我不懂，但我懂的，他们也不擅长。"

可是科学家高总认为公司需要高效运转，每一个成员都不能是外行。于是他开班授课，为我们几位非专业岗位的同事科普集成电路（Integrated Circuit，IC）的基础知识。

这是我第一次认知到，没有复杂、学不会的知识，只有不会教和不会学。高总把复杂、枯燥无味的理论讲得浅显易懂，关键还生动有趣。搞得后来公司里那些毕业于加州大学伯克利分校、清华大学、西安电子科技大学微电子专业的学霸们也都要求加入进来做旁听生。只是这些人加入后，画风就转了。但凡他们一插话，我们几个名正言顺的学生就迷失在云里雾里了。

两个月后，我已经基本上知道如何看一本厚厚的商业计划书。随后与那些微电子领域的专业媒体交谈、邀请专家、策划业内研讨会……可以做到面对一帮科学家不怵、不怯场。我也是在那个时期开始意识到成为一名懂业务的公关人是多么重要。

案例 2：

2004 年加入 Y 公司的时候，我是总部（公司内部的说法是全国餐厅支持中心，并不称之为总部）公共事务部的第 5 名成员。除了老板和助理，还有我们 3 个品牌负责人，一人一摊活儿，服务当时集团旗下的 4 个品牌。

我记得很清楚，我接到的第一单工作就是企划部发来邮件告知下周一上一款新品，需要我准备一篇新闻稿，而那天已是星期五。于是我去找对口的企划部同事了解这款新产品的前因后果，结果对方很诧异，让我自己看邮件里的《新产品计划书》，不明白还要和我讲什么。

那时候的公共事务部在其他业务部门眼里，有些像公司内部的公关公司，到项目的最终阶段才会接到写稿、发稿的要求。

这种临阵磨枪写出来的所谓新闻稿，充其量只能算软文，没有太大新闻价值。拿给媒体很难发布，那最终又有多少读者愿意看？如此一来，公关的价值在哪里？

事在人为。企划部是我服务的重要客户，那就从他们那里入手。在那一段时间里，我常常厚着脸皮去企划部蹭会开，慢慢地还能贡献出一些创意和想法被对方采纳。

小肯新产品、新项目的筹备、上市周期长则一年半，短则七八个月。在我们的持续努力下，2008 年出现了转机。那一年，小肯第一次推出牛肉产品，我们几个共享服务部门全程参与，在企划部的牵头下，与研发、采购、营运等部门通力合作，系列新品成功上市。公关宣传策划的着力点是"当牛遇上鸡"。那是第一次打出 360 度全方位（餐厅、传统广告、网络、线下公关活动）的宣传组合拳。正好在那个时间点，整合营销（Integrated Marketing）的概念得到重视，我们找准了时机。后来我们这个项目还拿了集团的全球营销大奖。

随着餐厅越开越多，业务越来越复杂，事件发生的频次和数量也在增加。苏总要求我们凡事刨根问底，务求甚解。公共事务部与品质管理部（Quality Assurance，QA，以下简称品管部）、食品安全部（Food Safety）、人力资源部、法律部、物流部等部门的合作越来越深入，基本会参加它们所有重要项目的日常讨论和沟通。有了这样一个学习体系的全方位支持，我们在处理外部事务和应对危机时，与政府、媒体、消费者汇报沟通时，在准备新闻稿和声明时……才可以做到足够专业，不说外行话。

鸡肉危机发生后的2013年，品牌策划了"雷霆行动"贯穿全年，重振品牌形象。我至今难忘的是苏总让秘书拿给我一摞资料要求我好好学习，封面上竟赫然印着"养鸡场技术规范"！我当时甚至怀疑自己的身份，确定我是公关，而不是品管的？

这还没结束。没多久，我和团队又被派到鸡肉供应商在武夷山里的养鸡场蹲了几天，理论结合实践，实地观摩学习消费者在小肯吃到的鸡肉从田头到餐桌的全过程，包括鸡舍搭建管理、小鸡孵化、合规用药、科学饲养、规范屠宰，再到冷链运输，直至最终送到全国几千家餐厅被烹饪成各种美食。

想想看，在这种严苛要求和训练下成长起来的我和我的战友们，何止只是懂一点点业务？

每次外界问苏总他是如何将公司打造成为国内最大的餐饮集团时，他都是化繁为简，寥寥数语，举重若轻。在我看来，不是他不愿讲，而是这样一个巨大庞杂的系统工程，可能需要十几门专业课才能梳理清楚。我们公共事务部的工作要求都如此之高，其他核心业务部门的标准和运作的复杂性更是远超外界的想象。

一家公司的成功，需要内部所有部门协同互补，共同作

战。身为其中的一员，公关部的能量无法取代。而懂公司业务的专业公关人，就犹如披上了神奇战衣的勇士，自带底气，所向披靡。

24/7 是一种觉悟

在一些人眼里，公关是一份光鲜亮丽的工作。公关人总是打扮得体，不是陪同拜访重要人员，就是举办各种活动，站在聚光灯下成为那颗最闪亮的星。

这种场景的确是公关人的工作内容之一，但不为人知的主流状态则是：

- 一天 24 小时、一周 7 天、一年 365 天随时待机（Standby），除了坐飞机，手机不能关，更不能没电。至于那种"夜间免打扰"的手机功能似乎永远用不上。不论白天、黑夜，不论上班、休假，只要电话响了，就需要立即转换频道进入作战状态。公关人绝对不能让其他部门的伙伴们找不到，因为你永远无法预知危机、投诉何时降临，并在头顶炸锅。对于有门店、直面消费者的零售、快消行业，更是如此。
- 筹备活动、发布会到深夜。凌晨一两点可能还在改新闻稿、讲话稿，又或者奔波在酒店会场和活动现场，协调解决突发的场地、人员、设施设备等各种问题。有时候还需要当搬运工、复印文员，苦活累活一样不少。

- 危机发生时，深更半夜被紧急召唤，开各种电话会议、联络各部门人员、准备相应资料、统计各种数字、回应外部关切和问询……

这些工作内容都不是危言耸听，而是公关人的真实写照。有一段时间，"996"的工作时间引发了全民关注和讨论，最终有了定论和相关的法规要求。与此不同，公关人的24/7，在我看来更像是投身这一行业初始就要具备的一种觉悟。

如果没有这种觉悟，最好不要进入这个行当。如果入了，我建议趁早转行。

那问题来了。既然这么辛苦，为什么还要做公关？难道只是为了挣一份工资？

过去的岁月里，我和我的战友们常常开玩笑，头上的警报天天响，每天的事情这么多，但我们却像打了鸡血一样，痛却快乐着。

已经记不得有多少个项目的多少场新闻发布会，我和我的战友们白天加黑夜都在忙碌着。无论是20周年、新快餐、新标识、新口号、里程碑餐厅开业、物流中心落成，还是三人篮球赛、曙光基金、餐饮健康基金年会、雷霆行动……无数个项目筹备期间的凌晨一两点，我们才走出办公

大楼。虽说每个人的身体是疲惫的，但我们的内心是充盈富
足的。

　　因为我们知道我们为什么而战斗，我们也知道有什么样
的成就在等着我们。

　　做"欢乐中国行"那次，因为预算有限，电视台节目组只
负责当天节目的呈现、录制和转播，所有前期筹备，包括与地
方政府各个部门的资源协调、落实等，都需要我们的团队自力
更生。于是公司成立了一个30多人的项目筹备团队，我是项目
负责人。为了跟踪落实每一个职能领域的工作，我把工作团队
分为场地、安保、电力、通信、卫生、节目等若干小组，就连
公厕落实都有专人盯着。白天，每个小组和对应的政府部门做
沟通协调，追踪项目进度。晚上，大家回到大本营后，我们就
开始召开内部通气会。每个小组逐一汇报当天的沟通、落实情
况，然后再领命第二天的工作任务。每次会议结束，大家忙完
手头工作再睡觉时已是凌晨两三点。

　　我在这个项目里扮演五种角色：指挥、调度、财务、补缺
和大管家。前三个角色都好理解。补缺，是指我还要做个万能
候补者。无论项目组哪个岗位碰上了硬骨头，我都要随时顶上
去"打仗攻坚"。但最后一个角色是我最看重的。因为团队成员
都在外打拼，我必须在吃、住、行等方面把大家照顾好。公司
充分考量团队的辛苦，特别为我们租了一个独栋公寓酒店，所

有成员都住在这个二层圆形小楼里，大家楼上楼下喊一嗓子就可以现场办公，中间大厅则是团队办公和集体开会的地点，公共区域还有一个独立的食品补给区，给大家提供给养。

这种白加黑的工作模式差不多持续了两周。当最后一场精彩的活动现场呈现在我们 2000 名餐厅经理和近两万名现场观众的面前时，那个自豪用语言无法形容。如果现在采访那些亲历的战友们，估计依然是他们难忘的光辉岁月。

我们在危机期间的工作模式会更加辛苦一些。无论是一篇平面媒体（以下简称平媒）报道、一条微博、一个帖子，还是几秒钟的电视新闻引爆的危机，我基本上在几分钟内就会知晓，然后就是一系列标准动作：迅速收集各方信息，通知管理层和相关部门，召集协调会，建议解决方案，准备声明和各种沟通信函、邮件、报告等。在这个过程中，还要和公共事务部全国团队举行一次又一次的沟通会，布置落实各种行动方案等。深更半夜，开几次全国电话会议都是常态，更不要说这种情况可能还会持续几天，甚至几周。

看到这里，你是不是想说，做公关这么辛苦吗？那为什么还要做？这家公司是待遇高，还是给你们灌了"迷魂汤"？你们为什么这么卖命？

大家可以读读《正路：我在百胜餐饮 26 年的感悟》这本书。**在一家坚持正路的公司，一家有温度、有人情味的公**

司，虽然时有坎坷，也需要付出很多，但企业带给员工的归属感、价值感和成就感是无价的。所以说，企业成就员工，员工成就企业。

但有人肯定会质疑，人不是机器，工作更不是人生的全部。如我上述这般，那倡导生活与工作平衡岂不成为一句空话？公司当然懂这个道理，也在不断践行。

2011年，老妈的病情反复，看了一家又一家医院，换了一个又一个城市。而那一年，品牌遇到了一些坎儿。尽管如此，老板告诉我："你尽管陪妈妈去看病，让我们找得到你就可以。有手机和电脑，你在哪里，哪里就是你的办公室。"所以有那么几个月，我的工作地点不是在上海办公室，而是在不同的医院病房和手术室门外。虽说我一直陪着老妈，但也不过就是让她看得到我，心理上有些安慰罢了，因为我不是在开会、打电话，就是在赶稿子、写策划，但我已很知足。

2014年下半年，一家供应商爆发危机。不分白天、黑夜，我们连续奋战了十天，公司用快速高效的系列回应和行动，得到了外界的高度认可，而其他受牵连的同行公司还在努力奋战中。就在这样的背景下，我突然收到人力资源部发来的邮件，公司额外奖励我七天带薪年假，要求我立即、马上从办公室消失，不能延期，不能折现。于是办好签证后，我就开启了度假模式，在群山峻岭中养精蓄锐。

看到这里，你可能会说，不是每个人都能找到这样温暖、人性化的雇主。即使会有，看了我所描述的这种压力，大家也会被吓退。

我不相信这个世界上有"活少、钱多、干着还开心"的工作。我相信每家公司都有它的挑战，每份工作也都有它的不易。关键还是取决于你想要什么。权力？金钱？还是自我价值和社会价值的实现？如果真是遇上了喜欢的工作，那是绝对的福气。身体的累，睡一觉就可以解决，但内心的充盈愉悦和归属感不可能平白而来，需要我们拼尽全力去追寻。

我家里珍藏着一个搪瓷杯子，上面印着我很喜欢的一句话："像牛一样工作，像猪一样生活。"此话虽说有些不雅，但话糙理不糙。这句话描述的是一种张弛有度的状态：下班后轻松、懒散一些，但一个电话、一封邮件就能立即使人进入工作角色，全身心投入，认真高效，而工作处理完毕的瞬间，又可以立即放空，要不吃顿美食、发发呆、刷个剧，要不几秒钟内陷入沉睡，开始充电，直至满格。

做公关的人，需要在身上装一个"开关按钮"，训练自己在工作和休息之间随意切换，这样幸福指数会呈几何倍数增加。如果满满的焦虑和负能量常伴左右，不是身体毁了，就是精神健康状况堪忧，那又有何意义？

所以我才会在前面提到，**从事公关工作需要有一些先天**

体质，外加后天训练，还有很重要的觉悟。当然，这需要一个前提——一家为你遮风挡雨的公司。

付出，不见得总有回报。但不付出，肯定不会有回报。

身体力行"好好学习"

经过岁月的沉淀流传下来的东西，都是经典。"好好学习，天天向上""活到老，学到老"，这些话大家肯定都不陌生。那你是否反问过自己："我做到了吗？"

在我看来，学习分为"被动学习"和"主动学习"两种。

人是有惰性的。区别在于：优秀的人可以自我约束，自我管理；而大多数人则缺乏自律，需要依靠外力干预。所以很多学习机制的设计，就是为了达到帮助人学习的目的。小的时候，必须去上学，接受义务教育。工作了之后，要参加各种考核、培训，拿这个许可、那个证书……这些都可以视为"被动学习"。

大部分公关从业人员都不是"正规军"，所以在实际工作中需要不断提升技能、修炼本领。现在市场上有不少针对性的培训，包括：

- 公关公司、培训公司推出的"危机培训""新闻发言人培训"等，多由公关公司里的高管或企业里的公关主管做讲师；

- 专业协会提供的"政府实务""媒体实务""危机和投诉管理""新闻稿写作"等培训，邀请相应职能部门、大学教授、媒体人或相应协会负责人来授课。

早些年，我也很积极地参加这些外部培训。后来我们部门又邀请公关公司、外部专家给公司管理层、团队成员做各种培训和分享。不可否认，这些学习对我们有帮助，但都不系统。有时更像头痛医头、脚痛医脚，感觉全身经脉没有被打通，某些地方还是疙疙瘩瘩的。

另外，有点干货的培训都价格不菲。特别是那些排名头部的公关公司提供的"新闻发言人培训"或"危机管理培训"等，费用高昂。这对于业务体量和团队体量都很大的团队而言，则是一笔巨大开支，让此类培训的可持续性成为一大挑战。关键是提供的培训内容，可能还不完全匹配大家的实际工作需要。

当年我们遇到的许多挑战在业界都没有可借鉴的案例。而外部培训使用的教材往往多年不换，对我们团队的帮助也就非常有限。

近 200 人的公共事务团队，有专员、主管，也有经理、总监，还有大学毕业没多久的新人。不能指望每个人都有自学参悟的本领。所以，针对不同级别和岗位，给他们提供最适合的培训，是当务之急。在这个背景下，就有了"公共事务大学"。

　　机缘巧合下，当时一位做过多年培训的姑娘做了我们的同事。于是在老板的主导下，在这位同事的协助下，公共事务大学办得有声有色。我开设了"公关活动管理"课程，我的同事们分别开设了"新闻稿写作""政府实务""媒体概述"等，全国团队成员则根据实际工作需求选择相应课程。

　　后来我带着团队又一起开发、编写了"危机管理及媒体采访应对"的培训课程，其中设置的"媒体采访"实境环节，邀请媒体人担任讲师，还原电视、广播、平面媒体的各种采访，让每一个学员都"真枪实弹"地接受媒体的"灵魂拷问"，学习、理解双方立场，力争找到合适的解决办法。这个培训对参与其中的媒体老师们也是一次全新体验，让他们有机会近距离观察和认识企业公关人，看到了这支团队对自己的训练有多"狠"，对自己的要求有多高。同时，也帮助他们转换视角，对我们服务的品牌有了更进一步的认识，也更加充分理解了我们的工作内容。

　　在我看来，这些课程设计的最大优势就是所有案例都是结合品牌过往的真实事件改编的，并进行了提炼和总结。当时外界评价我们公共事务团队是一支能打硬仗的团队。那么不夸张地讲，这个大学是立了大功的。

　　通过上课和线上、线下培训等各种形式进行"被动学习"，需要付出时间成本和财务成本，这对不少人来说都是一大挑战。实际上，学习这种事情，不是每次都要"仪式感"十足——找个专门的时间，认真安静地坐下来，一杯咖啡或茶在手，打开书本或电脑……才能开始。

学习，无处不在；学习，循环持续。这也就是我想谈的另一个"主动学习"：

做个"杂食动物"，日常积累很重要。保持好奇心，兴趣广泛，不同领域都可以去尝试涉猎。不同类型的书籍、杂志、展览、话剧、演出、电影，甚至好看的广告、好玩的活动……把其作为日常生活中的一部分。这不仅让人休息放松，还有可能成为下次文案策划、活动创意的灵感来源。

日常工作沟通也是很好的渠道。无论拜访政府、媒体，参加各种会议，还是与各个业务部门开会、讨论，都会有大量讯息扑面而来。经过大脑的筛选、消化后，你会发现之前你不懂、不知道的和有价值的内容就会沉淀下来，储备在你的脑子里。更高阶的则是在工作中加以验证、总结，把其变成自己的 Know-how，受用一生。

应景式学习。公关工作的挑战性，就在于总是有许多未知的事情来敲门。因为有各种可能性，就有各种第一次的尝试。这也就给了公关人掌握新技能、学习新知识的机会。

我在酒店工作的时候，旗下一家韩国料理餐厅经过重装，全新上市。为了做好宣传，我和团队认真学习研究了韩国文化和韩国餐饮。后来服务小肯，做梦也没想到，卖炸鸡的竟然有一天要去办篮球赛，于是又把自己变成了一个从来没打过篮球，但看得懂、说得明白，还能组织专业赛事的行家里手。

三人行必有我师。向你周围的人学习，也是一件事半功倍的有效办法。公关工作性质决定了公关人会与各个行业、各个年龄、各种风格的人相处。学会站在他们的视角审视自家公司、自家产品，既可以海纳百川，还可能逾越那条看不见的沟通代沟。

当年推广"对话'90后'"项目，为了了解"90后"的偶像世界，我听了他们的推荐，买来 *Easy* 杂志研究，还去听他们喜爱的歌曲，看他们追的动漫，等等。这个习惯差不多持续了六年。后来到美国南加利福尼亚大学（University of Southern California，USC）读书，我有很多时间与来自世界各地的"95后"相处。通过主动了解他们的所思所想、爱好兴趣，我们之间所谓的年龄代沟也烟消云散。

广泛涉猎，吸收知识，只是学习的第一步。后续的思考总结和精华提炼，并将其变成自己的 Know-how，才是最重要的一步。

一句话，**好好学习，持续充电，将受用终身。**这是一名公关人让自己在这条专业道路上可以一直砥砺前行的基础。

02

CHAPTER 2

第 2 章

打动人心：宣传是公关人的基本功

天马行空、活力四射，
创意和激情赋能创作。
骨子里刻着宣传的 DNA，
公关人的世界总是透着五
彩亮色。

准备功课先做好——知己知彼

身为一名公关人，宣传的下意识和兴奋冲动是不是充盈在每个细胞、每根血管里？

为公司、为品牌、为产品……做宣传，如同一日三餐，是所有公关人的必修课。

宣传既然如此重要，当下又有各种丰富的资源保驾护航，包括层出不穷的好案例可供学习借鉴，各类社交媒体平台可供选择，还有日新月异的新科技和新技术赋能，照理说，公关人做宣传应该更加得心应手。但环顾四周，为什么还是有那么多宣传一地鸡毛，又或热闹散尽不知所以然？

Y公司当年做品牌宣传，大多是全国一盘棋。由总部公共事务部根据企划窗口制订全年宣传计划，再围绕每个项目或新产品上市设计宣传主题和创意方向，然后发给各市场分公司，由其结合本地实际情况延展出各自详细的执行方案。但即便如此，等到各市场的方案汇集过来，我带着团队还是要花费许多功夫，与他们逐一沟通，指导每个团队修改、完善方案。

究其原因，我的观察是相当一部分公关人没有意识到宣传前做好准备功课的重要性。一项宣传是否有生命力、是否具备传播能量，都要回到根本：为何做这个宣传？结合的所谓当地热点话题与自家品牌、产品有何关联？或者只是为了"好看"而进行包装？做给谁看？最终希望达成的目的是什么？……

知己知彼，方能百战百胜，用在此再合适不过。剑出鞘前，一定要先认识自我，再搞清对象，绝不打无准备之仗。

你懂你吗

这里的"你"当然不是指你本人，而是指你服务的公司、品牌和旗下的产品及服务。

也许有人不以为然："我服务的公司、品牌，我们自家的产品和服务，我怎么会不清楚？"这里当然不是指把挂在官网上的一大段公司介绍，或者新闻通稿最后那段"关于 ××"的标准介绍背得滚瓜烂熟。专业公关要做的是观察和思考，收集外部反馈和品牌幕后信息，挖掘更多隐藏价值信息，再加以归纳总结。在这个过程中还要不断问为什么，自我消化吸收，从而让自己建立起一个对品牌和产品 360 度的立体认知。

懂自家的产品和服务，看似简单，实则不容易。这个学习的结果不可能是一蹴而就的，需要有心，肯花时间，还要随时向周边可以当老师的伙伴们虚心请教。

经历了这样一个积累的过程后，待某个热点、新闻发生时，储存在脑子里的各种"弹药"就会跳出来自动匹配，并在一个特有的时间点，属于你的好创意和方案就来敲门了。

我当初加入 L 公司，就业务而言绝对遇上了挑战。从快餐到时尚内衣圈，这个跨度有些大。

说起来，国内大众对小维的认知大多还只是停留在内衣大秀展现的一众繁花似锦。过去那些年品牌打造的"性感"文化对消费者洗脑太深，所以成也"性感"，困也"性感"。我加入公司之前，对品牌的认知也不外乎如此。但我有个预感，一个经历多年打磨、红遍全球的品牌，肯定不会只靠一场秀。它背后到底有什么不为人知的"秘密"？这激发了我的强烈探索兴趣。

好在公司既有的培训平台很完善。美国总部和大中华区各个业务负责人（Functional Head）给新人提供整套入职培训（Orientation）。轮转一圈后，关于公司业务的完整框架就出现在我的脑海里了。但我觉得还不够，又向老板额外申请了针对前线店铺员工设计的业务培训。

曾经是纽约第五大道旗舰店的店长，后到中国做督导培训的麦克，是一位非常敬业、专业、严谨的美国人。他带着我做了成都全品项店的巡店督导；后来我又参加了由另外一位美国同事主导的深圳新店的开业筹备项目；接着又参加了文胸专家培训和新产品上市培训；中间还抽空实地参观了物流仓库和电子商务分拣货品全流程。

在三个多月的培训和学习时间里，我对自家内衣、服装、香氛、配饰等产品，以及特色服务、店铺营运、物流配送、电子商务、店面陈列等开始心中有数。培训过程中，做我老师的同事们常常觉得我大惊小怪。因为在他们眼里再寻常不过的标准或流程，都会被我"挖掘"出来当成宝。而我作为一名专业公关，随着"宝贝"越攒越多，我就越来越兴奋。因为这些"宝贝"都可以拿出来讲故事，都是外界部门有兴趣了解的内容。

尽管当时全国全品项大店和美妆店已超过 60 家，但相比小肯，真正进过店铺、感受过服务的人还是有限的。但一聊起小维，大家还都自认不陌生。要不就是根本没有进过店，脸上却洋溢着神秘笑容的人；要不就是在国外逛过店，一脸崇拜的忠粉。两极分化得厉害。虽说近些年，品牌一直在做改变，致力于传递自信的美、健康的美和多元的美，鼓励天下女性从"为悦己者容"到"爱自己、爱美丽"，希望扭转消费者对品牌的"偏见"（Perception），但显然还有很长的路要走。

一系列深入的培训让我对品牌的认知有了质的改变，它的背后的确有许多讲究和学问。例如，当一名女性消费者准备选购一件内衣时，店员不是急于推销产品，而是通过一系列问题帮助其全新认识自己。"你了解你的乳房吗？""你知道你的准确尺码吗？""你的身体有何特别的吗？""你知道什么款式、材质的内衣更适合自己吗？"……然后就是不厌其烦地找来品种丰富的产品，帮助试穿，直到找到那款最适合对方、穿上最舒服、不压抑的内衣。而且在逛店过程中，你会发现品牌为了照顾消费者选购产品的害羞和尴尬，有许多善解人意的服务巧思、"小心机"的陈列和与众不同的设计。逛过实体店的女性消费者，一定对漂亮、贴心、舒适的试衣间印象深刻。

所以，有许多话题可以做，有许多内容可以玩，机会与挑战同时摆在我的面前。而突破口就是怎么让那些对品牌有误解或想当然的人愿意走进店里来，眼见为实。

机缘巧合下，争取到一个提交视频参选评奖的机会。如果制作一则视频，帮助那些视小维只可远观、想进又不敢进的大众（包括男性顾客）换种方式如同身临其境逛店，岂不是很有意思？经与导演反复讨论，我们决定把镜头当成眼睛，以一名逛店消费者的视角作为贯穿全片的主线，其在店长陪同下，走进神秘的小维，一探神秘魅力。

后来我们不仅因为此片拿到了奖，而且这个中英双语视频在不同的外部场合多次被用到。这是一个好的开端，因为不断有人找到我说："我想去你们店里转一转。"

另外，对公司、品牌有足够了解，在其他工作场合也会发挥重要作用。

有一次，接到主管部门通知，说第二天领导走访企业，希望了解企业情况，并参观一下旗舰店。其中还特别叮嘱，希望我来讲解，因为我不仅了解企业，而且介绍内容更有针对性，讲得还生动有趣。

你懂他们吗

对自己有了足够认知后，知己知彼中的"彼"，正是后文要讨论的内容。

沟通对象

策划、准备每一项宣传时，自然不是为了宣传而宣传，更不是钱多了找事做。弄明白沟通对象很重要。社会大众？直接消费者？意见领袖？还是政府部门、协会或某一个组织？定义准确沟通对象后，才能分析对方特点、接受讯息的渠道和喜爱的形式……，这样设计的宣传才能有针对性，并有效触及他们，吸引他们的关注，加深他们对公司和品牌的了解。

团队、合作伙伴和供应商

文案撰写、活动落地、舞台搭建、社交媒体宣发节奏……每一步都需要你的团队、其他部门伙伴，以及供应商的参与和支持。其中的每个环节都不能掉链子，你想要的效果才能最大化地完美呈现。所以清楚了解你的合作伙伴们的天花板在哪里，这非常重要。制定切实目标，不要奢望任何一方超水平发挥。

做到心中有数，有效管理各方预期，反而有可能激发团队斗志并努力呈现出更高品质的作品。

你的客户

你的创意、方案再好，也要你的内部客户或外部客户采纳（Buy-in）。没有他们的认同和接受，这个方案就只是一个电子文档或几张废纸而已，没有任何价值。

另外，你的客户给你多少预算也是关键。有多少钱办多少事，这是再普通不过的道理。当然小钱也可以办大事，但有多少预算需要做到心中有数。宣传范围、活动形式、活动规模、物料种类和数量……都和预算密切相关，因此设计活动方案时要全盘考虑。

你懂媒体吗

以上工作都做到位后，就需要考虑通过什么样的载体传播给受众，这包括传统媒体、新兴媒体和社交媒体。因此熟悉媒体生态圈和规则，了解每家媒体的特点，对一名公关人员很重要。

公关人与媒体的关系可谓剪不断，理还乱。这两个职业相互成就。我中有你，你中有我。

　　媒体对公关人的重要性，在于媒体很大程度上掌控着企业宣传正面形象和消除负面影响的"生杀大权"。它可以载舟，亦能覆舟。而媒体人对企业公关人的感情，也比较复杂，特别是跑财经或对口行业的媒体。一方面，他们需要企业公关提供日常稿源，并时时配合他们的各种采访需求；另一方面，又摆脱不了人情，不时应对自家媒体发表的批评稿件而招致企业公关的"灭火"请求。另外，不少媒体人工作了一些年后转换角色，从甲方变乙方，做了企业公关。而企业则是看上了他们的好笔头、对媒体的了解，以及背后的丰富资源。

　　早些年，媒体生态相对单纯。传统媒体一统江湖。公关只需好好研究学习纸质媒体（即报纸、杂志，也称之为印刷类媒体）和电视、广播媒体。但随着门户网站、BBS（Bulletin Board System，公告板系统）等的兴起，舆论环境开始复杂起来。再后来各种社交媒体如雨后春笋，它们的出现完全搅乱了江湖，并将媒体格局重新洗牌。一时之间，周边人都在拍视频、开直播，人人都可以做网红、主播，成为自媒体。仅需几秒，一条消息就可以成为全国热点。

　　新兴事物出现，总有一段野蛮生长期。这对公关人而言，绝对是痛苦的挑战。

　　"本来好不容易在不断摔跤中学习、总结出来的经验和战术，突然有一天发现不管用了。""原来经典实用的宣传招式和路数，现在也不灵了。""我预算花了不少，但为什么宣传效果就是不尽如人意？""前两天才和一位明星、网红、KOL（关键意见领袖）进行合作，结果今天就看到他翻车的负面新闻。"……估计公关人都经历过这种折磨，怎么办？

面对变化，选择躺平，自然不是好办法，更不能解决问题。不妨调整心态，积极应对，顺应时势，与时俱进。

做一份媒体地图。哪些媒体是你必须重视的？哪些媒体又是非常重视你的，例如，三天两头就送上一篇批评报道或一个热点话题？当下都有哪些类型的媒体平台？每类平台你可否说出个一二三和代表媒体？细分公司业务和各部门宣传需求，再分别遴选出相对应的媒体清单。

换位思考。针对甄选出来的媒体，认真思考：对方的记者和编辑会对什么样的话题感兴趣？他们需要什么样的稿件？

有定力，不能自乱阵脚。必须练好基本功，拥有扎实的文学基础。遣词造句要严谨，行文用语要规范。网络用语、时髦热词也要会用，但要分清场合、用对地方。

以开放的心态拥抱变化，学习新事物，尝试玩转各种社交媒体。看得懂不断冒出来的各种时尚、前沿的新事物，但不能一味求新求怪，被所谓的"潮流"和流量牵着鼻子走。如同今年流行什么服饰或穿法，但你不一定要跟风。适合自家品牌的才最重要。

　　牢记传统媒体永远都在那里，它们的权威性不可取代。作为"正规军"的传统媒体，代表了严谨、专业和深度。让人肃然起敬的深度报道大都是它们的贡献。同样，最有杀伤性的报道，多半也都来自它们。

　　任何一次宣传都不能是三板斧或单一形态。媒体平台组合拳是必选项，但怎么组合考验功力。这绝对不是搞两三个模板，然后每次套用就可以万事大吉的。因势而变，量体裁衣，是正路。

宣传矩阵越大越好吗

　　这不是一个可以简单用"Yes"或"No"来回答的问题。但环顾周遭，许多公司、品牌都身体力行给出了"Yes"的答案。

　　一次偶然的机会，我研究了一家很著名的消费品公司，包括它的宣传矩阵。公司旗下只有一个品牌，除了官网、官微、品牌公众号、app 四个主阵地外，还有会员俱乐部公众号、媒体信息公众号、视频号、小程序，另外还在大家知道的当红社交平台上都开设了官方账号，一共 12 个。当然，这可能还不包括我没有找到的平台。

　　逐一访问这些平台和账号，我有一些发现，而且具有代表性。

- 产品销售是主流，这无可厚非。

- 公司、品牌、产品的新闻、动态等发布在部分平台上，选择平台的逻辑没有看明白。因为我知晓这家公司刚经历了一起风波，所以想了解一下他们的应对措施。按照我对危机的理解和沟通逻辑，在相应频道竟然没找到有关资料。最终发现藏在几个平台的不同地方及其主页面最下方的"角落"里。其中还无意发现，与消费者息息相关的产品召回通知，竟然也藏在一个通过复杂路径才能抵达的页面。这不免让人困惑，这些对消费者如此重要的讯息，该公司是希望大家看到，还是压根儿不希望大家找到？

- 每个平台上关于品牌、产品的介绍内容都长一个样，显然都是复制粘贴而来的。但明明每个平台的特点不一样，对发布内容的长短、风格、形式要求都不一样。

- 许多产品声明，明明是中文，但怎么读怎么别扭，估计都是把国际总部的版本直接翻译成了中文。

- 个别平台账号的粉丝寥寥无几，只有群主自说自话……

还有一些公司，旗下拥有诸多品牌，那宣传矩阵就更加复杂，蔚为壮观。

在我看来，这些公司不一定都认同这种大而全的做法。只是它们不确定，也不敢做取舍。找些新的事情做，让自己或团队看起来很忙碌，总没错。同时还有理由多申请几个人头（Headcount），为年底评估（Performance Review）和升职加薪积累一些筹码。再说，如果错过了哪个新兴社交媒体，不仅可能遭粉丝嫌弃，还可能因为少覆盖了哪个人群而被老板追责。所以，做了，总好过不做吧？！

多年前，我就经历过这种心路挣扎。

每当一种新兴社交媒体出现，我们团队就闻风而动。总部开个账号，市场分公司也立即跟上。每个品牌开，每家餐厅也想开。结果五花八门，市面上可以看到各种与公司和品牌相关的社交媒体账号，岂一个"乱"字了得。于是公司让公共事务部牵头，制定出台一份公司社交媒体管理政策。我们接了任务后，信心满满，雄心勃勃。内部开会讨论了好几轮后，拿出了一个很漂亮的方案，中心思想就是建一个大而全的宣传矩阵。

由于这个话题很有吸引力，公司核心管理层几乎都来参加了我们主导的讨论会。大家关注的问题集中在：短时间内开设这么多账号，公共事务团队是否管得过来？我们的人员是否有相应的 Know-how？所有账号的定位、功能和发布内容是保持一致，还是有所区分？如果不同，如何界定它们的区别？这些账号相互之间有什么样的协同关系？……面对大家抛来的各种问题，我们努力想证明我们的方案经过了深思熟虑，但在回答过程中才意识到各种考量不足和自相矛盾。结果方案自然也被大家挑战得体无完肤。

最终会议决定，先主攻一个宣传阵地，边做边学，积累Know-how。等团队有了经验，时机成熟，根据品牌需要和各社交媒体的属性，再决定是否开出新"地图"。后续实践也证明了这个决策的正确。

总而言之，我在这个领域的心得可归纳为：

孰轻孰重，分级管理，适合的才是最好的。虽说进场时机很重要，特别对于初创公司或一个全新品牌，在没有预算、人员的情况下，用奇招在一个全新的社交媒体上杀出一条血路，有成功的案例。但对于成熟的公司和品牌，虽有足够的试错成本，但不代表可以任性。品牌的 DNA 是多年传承下来的，不能什么都跟风赶潮。如何完美衔接，又不失了创新，是一个永远的挑战。

一味追求所谓的创新不可取。打破基本认知不是专业的表现。不能为了迎合少数群体或个体，而忽略了之前长期赢来的粉丝基础。这就好比不停玩换装游戏，待有一天本色演出，竟然没人认识你了。

如果决定做，就要用心经营。每个账号都如同一个孩子，长相不同、年龄不同、个性不同，所以人设也不同。每个新的社交媒体既然可以横空出世，占领一方领地，自然有它的特色和圈层。所以你投喂的宣传物料种类、数量、频次、形式和方法也要因人而异。不可能只有一个文案，全凭复制粘贴走天下。

拿来主义不行。即使是国际总部统一发布的内容，翻译成中文后也要接地气，更要让人看得明白。在中国的土地上做生意，要用母语的方式讲地道的中文，拒绝只做一个翻译机器。

都说孩子是家长的一面镜子。这个宣传矩阵对于一家企业而言也是差不多的道理。这个矩阵中的每一位成员都宁缺毋滥。

好创意有时就会从天而降

一天路过朵云戏剧店无意看到《赖声川的创意学》。本是随手翻看，但接着就坐在二楼咖啡厅一气读完了。心有戚戚焉。

摘选书中的两句话。"刹那的灵感有迹可循。""创意是一场人生修行。"

我对创意的理解包括三部分，其中有些内容与书里的观点有异曲同工之妙。向赖老师致敬。

天上掉下"好创意"

这不是妄念，是现实，但需要经历一个很长的过程，厚积薄发。

先厘清一个概念。我们每天浸染在爆炸级裂变的信息中，多多少少都会把有些东西储存在脑子里。但信息、知识和 Know-how 有着本质的不同。如何去伪存真？如何变为己有，还能融会贯通？这个需要运用类似思维导图的方法不断训练自己。

什么样的消息是看看就罢了？什么样的知识需要学习记忆，但忘了还可以查得到？还有什么样的门道需要理解、揣摩、思考和实践总结，最后把它变成自己的 Know-how？

向他人学习，第一步往往从借鉴开始

相信许多人都是从小时候背优秀作文范例开始学写小作文的。当背到一定数量时，在拿到作文题目后，曾经背过的那些金句东一句、西一句地就会在脑海里飘啊飘，于是一篇作文就"凑"了出来。写着写着，慢慢地就有了自己的写作风格。这里当然不是鼓励"拿来主义"，但上学期间一直被要求多读文学大家作品、世界名著……，除了陶冶情操，向文豪们学习写作又何尝不是一种好办法？

尘封的记忆里有一件好玩的事。在酒店工作的时候，有段时间客房销售不好，黄师父给销售部下达指令，要求他们在机场接机上多动动脑子，争取多带一些客人回来。

销售部使出了浑身解数，举牌、拉条幅、买广告位、发

宣传小册子等各种方式轮番上阵，但效果平平。黄师父于是带着销售部、公关部一起去机场考察，发现许多酒店扎堆，大家用的招数都差不多。回来后，他画了一份草图给我，要求照图制作两套，但务必质量上乘。他画的就是两块宣传板，用几根带子连接，可以套在身上，前后各有一面板。我当时就提出质疑："开玩笑吧！""只见过把一个板儿挂在胸前的，但那可不是什么好事儿。""这看起来太廉价了，与五星级酒店气质严重不符合。"但师父是那种言必行、行必果的老板。在他的监督下，我们找到供应商严格按照他的要求把两套行头做了出来。这套装备的一面板上印着酒店的介绍，另外一面是客房、餐饮的特惠活动，印刷、制作得很精美。然后前厅部的接机小哥们就穿戴整齐，站在机场到达大厅迎接来自五湖四海的客人。没想到，现场实际效果远超预期，不仅吸引了各方注意，还真带回来了不少住店客人。

过了若干年，当我站在美国街头看到有人同样装扮拉生意，并得知这种玩法已经有很多年的历史时，才恍然意识到这并不是师父的原创，但他拿捏住了时间点和场合，并充分运用。

做一个"杂食动物"，拼命吸收，慢慢消化

广泛涉猎，积累日常。眼界开了，见识广了，才知道外面的世界有多大，自己有多小。

看到任何一个好作品，不论活动、展览、表演，还是

橱窗设计、户外装饰，看到一个视频、一纸文案、一则广告，公关人都会眼睛一亮。不仅会记住它，还会仔细琢磨：从中可以学到什么？如果换自己做，是不是还可以玩出新花样？

重要的"敏感度"训练

保持对新闻的敏锐，对真假消息的辨别，并时刻提醒自己那根不能踩的红线在哪里。

最后需要一个扳机（Trigger）

这些信息、知识、Know-how……分门别类储存在大脑里。在某一个时间点，需要一个机会，扣动扳机，一个让人打激灵的创意突然就会从天而降。

小肯当年开卖早餐，先后推出了粥、油条、豆浆等中式产品，引起了广泛关注。实际上外界是有所质疑的，就连美国总部最初也不太看好，但我们中国事业部把开卖早餐作为非常重要的品牌策略来推进。当时我们团队接到的任务就是将其作为重点项目配合企划部进行宣传推广。

一方面，公共事务部结合这些中式产品属性，设计了有针对性的单一产品公关方案。但卖东西不是我们的强项，而是需要设计一个推广"早餐"理念的行动。例如，从根本上培养大家"重视早餐、坚持吃早餐、来肯德基吃早餐"的认知。这可谓**宣传的需求**在那里了。

同时期，关注新闻会发现各地政府开始重视"早餐"这一民生话题，陆续推出各地的"早餐工程"。这也就意味着**宣传的时机**来了。

最后还需要一个**宣传的计划**。有一天和一位晨报的媒体老师闲聊，得知他们牵头成立了一个全国晨（早）报联盟，各项准备工作基本就绪。

我感觉脑海里的扳机被扣动了，一堆散乱的信息开始聚集、组合、排序：

- 小肯在全国有这么多家卖早餐的餐厅，是派发晨（早）报的补充渠道；
- 全国晨（早）报拥有丰富的宣传资源，我们不需要再一家家找寻；
- 大家有共同目标，还可以资源互补……

我和媒体老师谈了这个想法后，一个绝妙的创意从天而降。大家三下五除二就完成了一个策划。于是公司联合全国晨（早）报联盟，推出了"早读、早餐、早锻炼"的"三早"行动。后经企划部全力支持，全国售卖早餐的餐厅推出了"三早"套餐，鼓励消费者早上锻炼身体，然后到餐厅读一份当地的晨（早）报，再吃一份早餐后，神清气爽地去上班、上学，开启新的一天。

全国启动仪式选在了北京陶然亭公园。发起方的媒体老总特别撰写了"三早倡议书"。那是 3 月底的一个早晨，竟然飘起了桃花雪，但来自全国晨（早）报的媒体人和小肯员工们的心里都是热乎乎的。

好创意如何从天而降

这是一个见仁见智的问题。在我看来：

创意初期不要画框框

大胆设想，认真论证，严谨执行。这个思考、做事的方法同样适用于宣传策划。创意初期，先不要给自己设限。如果这也不行，那也不行，结果就是把自己关在一口井里，还没开始就结束了。先试着打开思路，天马行空，让思绪多飞一会儿。

头脑风暴不是随意爆爆米花

日常工作中，我们常提到的头脑风暴（Brainstorming），最终是不是都会演变成一场跑题大会？

宣传创意仅依靠一两个人，肯定受限。头脑风暴的确是很好的形式，关键在于如何管理和执行。可以考虑成立一个非正式的创意小组，但成员组成有讲究。仔细观察，你会发现身边的人，包括跨部门的同事中，总是有些人脑回路清奇，思维跳跃，常常冒出一些匪夷所思的主意和点子。这些人就可以被邀请进来做头脑风暴小组的成员。但是这并不代表现场随意爆爆米花，否则讨论会气氛绝佳，而效率极低。一定要由项目负责人担纲主持人，根据项目主题、宣传目的、活动对象等几个维度进行引导和梳理。讨论过程中，需要适时打断，把跑远的话题重新拉回来，并选出有意思的创意进行延展。如此一来，一个甚至几个好创意可能就诞生了。

正能量和好玩不矛盾

体现主流价值观、正能量满满的创意策划，不等同于呆板、乏味和无趣。考虑受众群体的喜好，完全可以用他们喜欢的方式和语境与他们对话。把项目设计得好玩、好看，才可能做到最大范围的传播。

我们之前策划的"对话'90后'""小肯探秘之旅"等活动，就是在充分了解活动对象特质和喜好的基础上，搭建一个合适的平台，让更多的人了解"90后"，让更多的人了解小肯。

出圈但不能出格

策划宣传创意点、形式和方法等，"度"非常重要。要有底线，更不能踩红线。也就是我们常说的公序良俗要时刻记在心中。

时机重要，转瞬即逝

时间点把控得精准与否，让好创意与垃圾点子只有一线之隔。

有了创意，还需要实施出来发挥最大价值，才能称之为真正的好创意。其中除了人的因素，就是时间点的把控，正如"战机不可贻误"。一样的话题，放在不同时间，意义完全不同。甚至晚了几分钟就可能失效，不能再碰。

你是否还记得 2014 年 3 月 8 日这个日子？

那天是"国际劳动妇女节"，大家以各种方式祝贺天下女士节日快乐。

而小肯则无故"躺枪"上了热搜。事情起因于前一天，媒体记者采访某个运营商的区域总经理。这位老总认真回答大家关切的"月底流量清零"的问题就好了，偏偏要扯上我们，他的"买了全家桶套餐，吃不完的鸡腿总不能退回去"的回复经媒体报道后，3 月 8 日上午快速发酵，成为全网热议话题。

看当时的舆情走向，大家对这位老总的回复不买单，各种批评的声音此起彼伏。事件的主角当然不是小肯。我们保持沉默，无功也无过。但无故"躺枪"实在有些冤，这鸡腿到底招谁惹谁了呢？

我和团队快速研究了网友的评论后，决定以轻松的语气互动一下。很短时间内，回复文案就在我的脑海里诞生了："鸡腿肯定不会清零。吃不完可以打包、外带、与他人分享，还可以回家炖汤、烧菜，总之是你的，想咋用就咋用！"

这个回复还有两个幕后花絮。回复发布后，有媒体老师问我："亏你们想得出拿鸡腿去炖汤这个主意。"他后来还真去尝试了。那是因为那段时间我刚参加了公司的"新产品审核委员会"（New Product Committee，NPC），其中研发部同事提交了一个用原味鸡炖汤的提案。虽说案子被否了，但这件事却被存在了我的脑子里。写回复时，这个点子不自主就跳了出来。另外，我的原文最后一句是"想咋用就咋用"，结果团队小编发布的时候竟然把"就"字粗心漏掉了。

我们的俏皮回应引发了广大网友的热情转发和评论，大家将其称为"神回应""神操作""神补刀"，由此还上了热搜。这个结果倒是我没有预料到的。

就在同一天，还发生了一起事件，世人关注。媒体最初报道这则新闻时，因为诸多不确定性，大家都还怀揣希望，保持冷静。但最终没有等来好消息。下午开始，许多企业的官网、官微等，包括公司旗下各品牌的官网和官微，都做了黑白处理。

试想，如果流量鸡腿事件发生在下午，小肯官微肯定不能就这个话题再做任何回应和互动。

所以说，一个好玩的创意，一个极佳的文案……都不是孤立存在的。合适的时机和舆论环境缺一不可。早了不行，晚

了也不行。同样，有些话题不能开玩笑，就是不能。

身为一名公关人，要时刻牢记这一点。

没有万能的新闻稿

新闻稿写作，对于每一位公关人都是躲不过去的一关。

要不要写？怎么写？写一篇通稿，还是几篇不同类型的稿件？准备文字稿、图片稿，还是拍摄短视频、中视频？选择什么平台？是传统媒体，还是社交媒体？这些问题，估计公关人每天都会遇到。

很难给出一两句简单的答案。但有一点亘古不变：走心的东西才会打动人，有价值的东西才会有人看。

那到底应该怎么准备走心、有价值的新闻稿？

新闻稿不是软文稿

既然称其为"新闻稿"，就意味着该稿件具备新闻要素，有新闻价值，还有新闻时效，并且可以刊登在媒体（包括纸质版、网络版、公众号、app）的新闻版面，例如财经新闻、社会新闻等，但肯定不是广告版面、软文版面。

不是说发软文不好。只是一开始就要想清楚宣传的目的和方式。当时在 Y 公司，我们不碰广告，而是由共享服务部门的广告团队统一规划执行。如果公关项目中有内容符合软文属性，又有预算支持，那准备几篇优美的文章，还有漂亮的图片，在合适的平台发布出来，当然是锦上添花。

但真正考验公关人功力的还是如何准备出一篇像样的新闻稿。

局外人也许会好奇：写新闻稿应该是媒体记者的任务吧？作为一名企业公关人，自然都是写自家品牌和产品如何好。立场不中立，哪来的"新闻"？充其量就是软文稿。

非也。拿小肯举例。

国内有几千家餐厅、40 多万名员工、几百家供应商……每天服务着上百万人次的消费者。如此规模、体量的一个大众餐饮品牌，深入到我们日常生活的方方面面，所以与我们的经济、民生、社会话题……息息相关：

- **关于引入外资和营商环境的话题**。每进驻一个新省份、一个新城市，都是当地引入外资、打造良好营商环境的一项重要指标。

- **关于财报的话题**。每次全球总部发布财报，都可以看到中国事业部相应的单独数字，这总收入、经营利润、单店销售、同店销售等，同比是增长了还是下降了……不论如何解读，都能引发新一轮财经报道。

- **关于开店的话题**。公司拥有强劲的开店能力。无论是一年的开店数量、开店策略，还是下沉到几级城市，甚至在村镇开店，或者在不同商圈开店等，都是持之以恒被外界关注的话题。

- **关于解决就业的话题。**不断开出新店，就意味着可以创造新的就业岗位。同时，还有税收贡献等。这些与老百姓利益密切相关的内容，自然也一直是报道的重点之一。

- **关于供应链的话题。**新店开业、菜单更新、品项增加等，意味着需要新增供应商，当然也可以解读出不断延长供应链，加大扶持本地供应商等话题。

- **关于 CPI（消费者物价指数）的话题。**产品调价、不同商圈推出不同价格体系等，可以催生出一篇有关租金成本、人工成本上涨，甚至和消费者物价指数相关的解读。

- **关于食品安全的话题。**身为餐饮公司，自然与大众关注的"食品安全"有着千丝万缕的关系。无论是"非典""禽流感""肉鸡养殖"等公众事件，还是任何一家供应商出了问题、身陷漩涡，小肯都不可能独善其身，甚至还会被推上风口浪尖。

- **关于社会的话题。**每家餐厅每天都见证着人生百态、家长里短，由此就可能延伸出与流浪人群、留守儿童、残障人士、勤工助学等相关的社会热点。

- **关于企业管理、品牌营销的话题。**小肯的本土化策略和进程，一直是业界关注的热点。当年开卖鸡肉卷、早餐粥等，都引发了广泛关注。还有各种著名的产品营销事件，例如原味鸡大战黄金鸡，媒体给予了持续报道。

- **关于公益的话题**。无论是品牌的日常公益项目，还是在各种天灾人祸面前，公司总是冲在前面。先不说捐资捐物，仅仅在特殊时刻，让援助的逆行者和受灾群众可以吃上一口干净、热乎乎的食物等爱心行为，都是值得传播的正能量。

- **关于热点事件、危机的话题**。小到这家公司的产品和服务，大到关联整个行业面临的挑战和危机，公司和品牌常常被放大在公众面前接受各种审视和评判。

这些内容有没有新闻价值？是不是跑线记者、版面编辑每天都要琢磨的选题？所以，**公关人在某种程度上要反向训练自己的"媒体人"思维。当具备了新闻敏感度，日常工作中即可知什么可为或不可为。**

小肯当年力推新品"安心油条"。"不添加明矾，食用安心"和"身材娇小，符合轻食的健康饮食需求"是这款产品的两大卖点。面对企划部提供的产品企划书，我们知道这两个卖点是做广告的关键信息，但肯定不是新闻稿的核心。如果做新闻，需要切换一下角度：

- 小肯竟然卖油条啦，中式早餐家族再添新成员。看来誓将本土化战略坚持到底。

- 为几千家小肯餐厅提供油条的供应商是谁？这款新品可否催生出一条全新的上游供应链？

做到以上程度，还远远不够。我们又去试吃了新品。发现这款产品相比日常生活中的传统油条有很大不同。口感更加有嚼头，个头还不大。基于公关人的敏感本能，我下意识就在想，会不会有人拿产品大小与价格和成本说事情。所以还要从另外一个新闻角度做提前宣导：

- 小肯油条身材迷你，原来是在试水迎合当下喜轻食的消费理念。

同时，我们又监测到一个动态。产品还没有上市，社交媒体上已经有人爆料"小肯要卖油条了"，评论区热闹非凡。有欢呼期待的，也有挑战质疑的。这给了我启发，决定打一个宣传组合拳。第一步，顺水推舟，在几家能见度较高的网络媒体上做消费者调查，有三个问题："据说小肯早餐要卖油条了，你相信吗？"如果答案肯定："你会去买吗？"如果不信："你希望还能吃到什么中式新产品？"无论消费者怎么回答，调研出来的数据都是非常有意思的新闻素材。第二步，根据调研结果，再结合新产品上市后的消费者反响，以及之前确定的三个新闻话题，准备不同新闻稿，从而让"安心油条"成为媒体持续跟踪报道的一个明星产品。

千篇一稿能走江湖吗

这里一直在讲"新闻稿"，而不是"新闻通稿"。

"通稿"就是一通到底、一稿抵万稿的新闻稿。不论哪家媒体，什么类型的媒体，都是提供完全一样的稿件。媒体如果再有任何问题，公关人也都是截取通稿里的内容反反复复讲同样的话。

至今还是有一些企业、公关公司遇到任何事情，就提供这么一个新闻通稿。然后一些门户网站或网络媒体收到后，就顺手做人情，或基于合作，将其刊登出来。然后你会发现一些公关人在自己的朋友圈里转发一篇文章，虽然发表在不同平台，但稿子都长一个样儿。身为读者的你是不是会纳闷，自己订阅的新闻推送上怎么都看不到这些报道？它们到底都藏在互联网世界的哪个犄角旮旯？另外还有一个有趣的现象，如果遇到推送这些网络版文章的编辑懒得编辑和修改，读者就可以在文章的结尾处看到"关于 ×× 公司或品牌"的一段官方介绍，甚至还有公司媒体联络人和公关公司媒体联络人的姓名和联系方式。

显然，这种"新闻通稿"的新闻价值非常有限。但对于身在江湖的一些公关人而言，凭借这个做法，可以与相关平台建立共赢的合作关系；另外，还可以给老板交差，让媒体宣传清单和新闻剪报都很"好看"；当然还可以促成年底 KPI（Key Performance Indicator，关键绩效指标）的达成。

所以归根结底，公关人怎么做，还是要看其所在的公司和老板想要什么。

好新闻稿的标准

看似我谈这个话题不够资格，应该听听媒体老师如何讲。但身为一名企业公关人：一是长年与媒体打交道，向它们不断学习；二是视角不同、立场不同，总结出来的 Know-how 会对企业公关更有针对性。下面三个标准是"和"，而不是"或"的关系：

你的客户满意

对于企业内部公关（In-house PR）而言，你的老板或主导该事件的部门就是你的客户。

准备一篇新闻稿，一定是为了达成某个宣传目的，所以写什么是基础。这需要和客户做深入沟通，把他们提供的背景、资料等揉碎了、掰开了，反复琢磨和研究，甚至还需要实地考察、亲身体验或试吃。总之不能仅凭一封邮件或一个产品、计划书就在那里凭空造车。

你的客户很多时候可能更喜欢软文类稿件，有大段描写产品和服务的文字，再配上大大的产品图片。那公关就需要争取客户的预算支持。但如果项目、产品背后确实可以延展出好的新闻话题，那公关人需要花费一些时间，彰显沟通大智慧，得到客户的支持和认可。当然最关键的，还是要做出来成功的范本，并且用一次次的成绩累积这种信任。如此一来，客户就会给予长期支持和更宽松的自主决策空间。

媒体看得上眼

通过什么渠道发布，选择哪家媒体发布……需要花些心思。

新闻稿写得再漂亮，都仅是纸上谈兵。关键还要看目标媒体能否看得上这个新闻话题。写作新闻稿时，一定要换位思考。什么样的新闻可以吸引媒体的兴趣？它们会怎么来写这篇新闻报道？

读者愿意读

每名读者都有自己的一杆尺。那种自吹自擂的企业公关稿，有几名读者会认真读下去？

有一种声音：现在的人太浮躁，崇尚快餐文化。什么都追求短平快，读文章可能只是扫一眼标题，没时间看里面的内容……但这些理由都不是公关人可以拿出来的借口。经营品牌如同做人，这是一辈子的事。心性、品格、三观、口碑……是用一天天时间、一件件事情累积出来的。关于品牌的一篇篇好新闻也是其中的拼图之一。

当然，还有一种可能。确定是没有新闻价值，抑或没有读者愿意读的新闻稿，那就不要做。这说明不适合用发布新闻的手段去宣传，不妨换个思路：或许改拍成短视频更能传递品牌或产品内涵；或许先策划一场线上或线下活动，与消费者互动，增加与品牌的情感黏性，然后通过活动赋予新闻话题。

"该死的"标题

相信很多公关人都曾经为"标题党"所累。辛辛苦苦把新闻稿写出来，给到跑线记者，他们做一些修改（也有记者会重写）后的版本，会更有该媒体的特质。但等稿件交给责任编辑排版后，许多公关人就要头疼了。因为编辑往往都会修改文章标题，尽管有时候只是一两字之差。

虽说文章全文改动不大，但就这样一个标题，公关人估计就无法交差了。于是公关人需要在老板、记者、责编之间，有时还要与版面、栏目、部门主任、编委、副总编，甚至与总编辑进行沟通斡旋。

相信很多读者也有过类似经历。往往因为一个耸人听闻的标题点击查看全文，结果发现内容与想象落差很大，或者正文与标题完全不搭，还以为自己点错了链接。

这就是当下的一个怪圈。无论哪一方，都有一些躲不过去的 KPI。各有各的立场和为难之处。但放眼看去，我们周围还是有厉害的公关人，有诸多优秀的媒体人。因为他们的专业，我们才有机会可以一直看到优秀的内容输出。还有很重要的一点，虽说标题在第一时间抓眼球，我们周围仍然有相当多的读者愿意为高品质的内容买单。

照片不等同于新闻图片

有几家媒体在我的心中始终处于高位，它们不仅在内容输出上严谨、高质，而且选用新闻图片也具有独特的眼光和品质。

这里说的是新闻图片，不是照片。一张厉害的新闻图片，可能只需要配一两句话就能独立成稿，被称为图片新闻。可谓一图抵千字。

每次公关活动结束后，公关人的必做功课就是在最短的时间内，在海量的现场照片里选片子。选新闻图片必须练就一双"毒"眼和一目百张的水平。这个工作，不仅考验公关人的功力，还彰显出摄影师的水平。所以，新闻摄影记者与普通摄影师有着本质不同。

这些年，我有幸结识了几位厉害的新闻摄影老师。同一个事件、同一个人，他们的镜头就是能够捕捉到不一样的视角。与他们相处久了，自己选片，甚至拍照的水平都提高了许多。

另外，文字稿件写得再棒，也需要一张好的新闻图片来画龙点睛。这是新闻图片的另一个用武之地。

苏总的新书出版后，有各种专访邀约找上来。我看到《中欧商业评论》的初稿时，为内容所吸引。但感觉有一点美中不足，配的几张图片都少了点味道。就在那个节骨眼，记者老师又发过来一版修正稿，更换了头图，是苏总的一张侧面照片。人物眼神、表情动作，甚至服装……都非常到位地传递出主人公的气场。记者老师在电话中的声音都透露出她的兴奋："我们找到了这张照片，是不是快餐教父的味道出来了……"

也许有人会讲，这些内容都老掉牙了，是传统公关人需要的能力，放在当下已经过时了。

如今社交媒体占据半壁江山，还写什么新闻稿？花那么多的时间精力，不如拍一个短视频，宣传效果立竿见影。还可以联系一些 KOL、大 V 和博主，在他们各自的账号上发些声援文字，品牌再来个互动，流量和影响力更大。

这些说法有一定道理，但不完全对。**新闻永远都不会消失，只是存在于更多元的平台，以更加丰富的形式和载体呈现出来。**

当下的公关人，不仅需要过硬的传统专业技能，还需要有新技能的加持，例如娴熟使用新媒体。这是一个不断扩容的过程，需要迭代更新"软件"，让自己跟上时代的变化，并越来越强大。否则，走不长，也走不远。

公关活动检验综合能力

公关活动管理是一门学问。

搭个舞台，竖个背景板，摆个麦克风，再找个主持人，可以称之为做活动，但不是公关活动。

从确立活动主题、准备新闻资料，到媒体和嘉宾邀请、流程设计，再到场地选择、主视觉定调等所有细节落实，直至最终呈现。宣发到位，一场公关活动就如同一部现场版的品牌形象宣传片，直接对话受众，传递品牌理念、情感和价值。

公关活动的策划和执行是否到位，是否为品牌加分，都非常考验一名公关人的基本功。

公关活动有必要、不过时

以免歧义，这里将公关活动分为线下活动和线上活动。

早些年，只有线下公关活动。身边总有人不看好这个形式，不乐意投入时间和精力，更不乐意花钱。在他们看来，如果需要发新闻进行宣传，哪里需要做活动？花了那么大力气，现场来个百十人已经很了不起了，何苦呢？还不如准备一篇新闻通稿，群发媒体，最后就可以出来一份长长的报道清单，再或者想方设法出一篇 10 万＋阅读量、评论量、转发量的推文……只要老板、客户满意，一切万事大吉。

讲实话，这个认知没有绝对的错与对。关键还在于品牌和管理者是看重眼前短期利益，还是更看重品牌的长期影响力。

线下活动如同一家公司、一个品牌的立体名片，有情有景、有血有肉。接到这张名片邀请的来宾，在现场看得见鲜活的人，摸得着真实的物，因此欢喜动容，对品牌产生情感维系：这是一家好公司，这是一个好品牌。

Y 公司一直很重视公关活动，希望借此与主管部门、协会、媒体、意见领袖（统称 Stakeholder）和消费者进行常态互动。虽说拥有众多线下门店，每天都可以近距离服务广大消费者，但品牌团队认为仅靠产品和服务还不够。新项目内涵、新产品幕后故事、品牌近期动态、里程碑事件分享……需要依托公关活动这个平台和载体，向来宾讲述完整的故事，传递完整的理念，同时也帮助品牌得到第一手的反馈。

L 公司则完全相反。我去美国哥伦布市（Columbus）的总部培训时，集团负责对外沟通的副总裁告诉我她从未做过任何公关活动。这就很好地解释了为什么社会大众对这个品牌的认知，除了极负盛名的营销活动内衣大秀外，其他大多来源于公司官网、社交媒体平台发布的新闻稿。

但毫不讳言，线下公关活动有一个先天不足。参加活动的现场人数有限，尽管后期可以通过媒体的新闻报道让更多人知晓，但关于主题讯息的立体呈现和现场活动的魅力等很难触及大众，并让他们感同身受。因此，当公关预算吃紧时，往往最先砍掉的板块就是公关活动。

随后就是影响全球的新冠疫情，各行各业都受到不同影响，公关人也遭遇了严峻挑战，许多需要线下完成的工作，都需要重新评估审视，而组织一场线下公关活动更成为奢侈的事情。但柳暗花明又一村。线上视频直播的兴起，提供了新思路和解决方案。参加云聚会的人数可以不受限制；参与采访、对谈的嘉宾不论身处地球哪里，都可以轻松连线；一部手机、一台电脑就可以搞定一个活动。几年前，这些场景可能还是公关人不敢想象的，但如今却已信手拈来。

线上活动的兴起，看似彻底终结了线下活动的必要性。但伴随新冠疫情走低，压抑了较久的人们渴望见面，期待实景接触。因为这些经历，让人们更加看清楚了交际本能和面对面交流的宝贵和意义。

因此，现在公关活动迎来了一个全新时期。**以线下活动为主场，再赋予线上直播的新功能，既延续保留了线下活动的种种优势，又可以解决现场观众人数受限、地理空间受限的不足，让活动触及更多人，从而创造最大影响力。**

主持人是灵魂

主持人是一场公关活动的灵魂。负责穿针引线还是其次，他对品牌是否足够了解，对活动目的和宣传主旨的消化是否到位，则决定了这场公关活动的成败。

随大溜找网红，或仰仗主持人名气，又或重视美貌、帅气……这些都不是遴选一名公关活动优秀主持人的标准，最多可以称为锦上添花。

过去看到过各种"车祸"现场，所以对主持人，我有着深刻体会和坚持。没有自己的思想，只会照本宣科的播音主持人，宁肯放弃；名气再大，但因为忙、时间上不能配合预沟通和彩排需求的老师，宁肯放弃；有思想、配合彩排，但现场脱离预先达成共识的大纲，喜欢自我发挥的老师，也只能忍痛割爱……不可否认，找到优秀的公关活动主持人进行合作，真的不容易。这也是为什么公关人需要作为候补人员时刻准备着。

以上要求还不是全部。公关活动中有两类活动，对主持人的要求更高。

一个是对谈类活动，特别是多人对谈，这也是我们参加各种研讨会时常看到的形式。多位嘉宾同台，"华山论剑"，满足观众们一次就可以听到诸多大咖的智慧碰撞。但这种形式对主持人是一个很大的挑战。既不能让一位嘉宾一直侃侃而谈，又不能允许一众人七嘴八舌。何时打断，何时转场；何时换人，何时盯住一个人犀利提问；何时打破沉闷的局面，何时制造气氛让嘉宾与观众互动……这所有技巧的背后都需要主持人具备强大的控场能力，掌握谈话节奏，关键还不能忘了本活动需要传达的核心主旨。

另外一个是新闻发布会。擅长做娱乐活动的主持人，一般不适合主持新闻发布会。新闻发布会的主持人需要类似新闻发言人的能力。他的新闻敏感度、危机敏感度，特别是 Q&A（Question and Answer，问与答）部分的节奏引导和点评控场等专业能力尤其重要。

有一年，我们团队第一次负责三人篮球赛全国总决赛的组织和实施工作。经过千挑万选，我们终于邀请到一位著名的体育节目主持人。

找到他，也是机缘巧合。之前一次偶然机会，我参加了一场在上海举办的篮球活动，第一次看到这位老师做主持。他的诙谐幽默、激情解说都给活动增色不少。关键是他强大的控场和应变能力，不论现场出现什么幺蛾子，他都接得住，还能在许多人没有意识到的情况下就化险为夷。我当时就想，一定要找到这位老师来主持我们的总决赛。之后，也终于让我找到了他，他也接受了我们的邀请。

但由于我们内部工作人员的严重疏忽，在决赛前一天，把主持人老师气得"失踪了"。当时把我吓得不轻。这场活动不是一场单纯的公关活动，而是一场经历了三个月的赛季后，全国四强集中在北京，要决出全国冠军的总决赛！我就是临时抱佛脚也不可能突破极限补缺做这个主持人，因为我根本解说不了一场篮球赛。就在紧急考虑各种备选方案时，那位老师却出现在大家面前。他说了，虽然很生气，想打道回府，但他是专业主持人，不能让工作开天窗。

因为之前没有合作过，为了尽快进入角色，我们立即投入到紧张的彩排中。在一遍又一遍的磨合和调整中，他让我们看到了他的厉害，现场收获一众迷弟迷妹。我们也让他看到了我们的专业和敬业。误会烟消云散，大家彼此欣赏。

在此之后的岁月里，这位老师在时间允许的情况下，还担纲主持了我们的多场大型活动，包括新闻发布会和研讨论坛等。因为他不仅是一名体育节目主持人，还是一名优秀的新闻工作者。

所以说，一定要与优秀的主持人合作，特别是与人品优秀、业务优秀的主持人合作。

魔鬼都藏在细节里

分享一个故事。不，是很严重的活动事故。这在我的公关职业生涯中是极少数的一个遗憾。

小肯源自美国快餐的 DNA，一方面自带各种优势，另一方面也有着先天不足。关于垃圾食品、高热量、肥胖、激素等的指责从未间断。

2005 年，小肯在国内星途坦荡，前程一片大好。但苏总带领的团队已经意识到未来无法逃避的洋快餐挑战，所以早早正视问题，制定了全力打造"新快餐"的品牌策略，决定自己革自己的命。

经过周密筹备、运作，新闻发布会首次尝试北京主会场直播 +16 个市场分会场同传的形式，邀请全国媒体见证，向全行业发出倡议，正式启动"新快餐"计划。

新闻发布会定在 2005 年 8 月 8 日。上海有台风，很多嘉宾的航班延误。好在大会的主角苏总如期飞抵北京。发布会按照计划准时举行，全国各分会场转播的信号也很清楚，全国几百家媒体同时在线。

依照惯例，我站在主会场的一个角落里。既可以看清大会全场，也可以让所有工作人员看到我。

苏总上场介绍"新快餐"，讲到 1/3 处突然停了下来，来回翻了几遍稿子后，就抬头看向我的方向："徐慧，少了一页！"

我的脑子里当即"轰"的一声。我一边拿出新闻夹，快速找出讲话稿；一边向主席台跑去。但与此同时，坐在前排的一位媒体老师一个箭步冲上去，把他手里为媒体专门准备的新闻夹递了上去。苏总看了眼新稿子，接着讲了下去，发布会继续。

　　我退回原处，立即检查手里的讲话稿，发现也是错误的版本。但并不是少了一页，而是第一页与第二页之间少了两行字。但我在那个时间点不能多想，只是快速检查了后续几位嘉宾的讲话稿，确认都是正确版本后，稍稍松了口气。

　　那天主会场有一百多位来宾，还有 16 个分会场的所有嘉宾，都在线看到了这令人尴尬的一幕。发布会终于结束，我又坚持把媒体专访做完，送走所有嘉宾后，走到苏总面前认错道歉，并做足了被骂的思想准备。但他却拍了拍我："下次注意，大家辛苦了。"然后就大步流星，回上海了。

　　整个工作团队立即开会总结，复盘所有准备流程，终于找到了问题症结。

　　现在做公关活动，新闻资料夹（**Press Kit**）都是电子版的，给一个链接地址或一个微信号，记者直接下载相应文件或图片即可。当年做活动，还需要提前打印准备所有文件的纸质版。那次发布会的前一天，所有文件本来都已打印装订妥当。但到了晚上因为又临时修改了新闻稿和讲话稿，所以不得不重新打印相关文件。为了节约时间，媒体新闻资料全部采用速印机复印，这也就是为什么媒体拿到的文件是正确的。但 VIP 嘉宾的新闻夹由于使用了公司信纸，当时负责打印的同事为了节约用纸，就自作主张，只打印了新版本的第一页，然后和旧版本的第二页重新装订在一起。但他们并没有检查发现修改页与原来的第二页内容已经错行了。

而我作为活动总指挥，在给 VIP 嘉宾发放新闻夹时，没有二次检查确认所有的新闻资料。

那天晚上，我坐在活动会场东方君悦酒店门外的大阶梯上哭了个稀里哗啦。

我一直自诩是公关活动高手，我做的活动接近完美。但经历了那一遭之后，我告诫自己，随时都要保有一颗谦卑之心。

公关活动的 Know-how

曾经有同事质疑过，一个活动有必要这么较真吗？投入这么多精力、人力、物力，值得吗？

相信许多人都有参加公关活动的经历。是不是看到过各种"翻车"现场：

- 活动现场内容丰富，又是唱歌又是跳舞，热闹非凡。但是不明白这些流程设计与新闻稿中的核心内容有何关联。
- 活动做得不错，但公关公司从婚纱摄影楼找了一位摄影师，结果拍出了很多不错的人物照，但就是找不出一张可用的新闻图片。
- 主持人青春靓丽，字正腔圆，照本宣科本无功无过。

但遇到突发事件，却没有应变救场的能力。

- 音箱摆放位置有问题，搞得嘉宾一讲话，麦克风就发出刺耳的啸叫声。更有甚者，活动做到一半，无线麦克的电池没电了。

- 演讲台做高了，有时候上面还摆着一束花，搞得台下观众只能看见致辞嘉宾的一个小脸，甚至看不到主人公。

- 为了大气，背景板做得很高，上面的字很大。结果拍新闻图片，无法体现主办方、合作方，而且人物和活动主题无法兼顾。

- 舞台面光刺眼，明晃晃打在主持人、嘉宾的脸上，导致他们不得不眯着眼睛，甚至看不清楚台下观众。

- LED 屏取代了笨重的背景板、喷绘布，本来是好事。但由于没有考虑到像素等细节，结果拍出来的现场照片和视频的背景都是一条条的线。

- 舞台现场搭建不重视安全，结果灯架塌了或者设备掉下来，造成严重后果……

公关活动如果做成这个样子，不如不做。组织者必须要对自己更苛刻一些。一首曲子、一幅画作，因为一个不和谐的音符、一处败笔，就可能毁了整幅作品。一场活动，呈现在嘉宾面前，也是一幅作品，但表现难度更大。如同芭蕾舞剧、话剧一样，都是现场创作。如果出错了，只能留下瑕疵和遗憾。没有倒带，不能重来。

细节决定成败。前文分享的是现场活动，至于准备新闻稿、对外声明、媒体回复等更是如此，不允许出错。公关人必须较真死磕，不放过任何一个细节。

那么到底应该怎么做？有什么样的 Know-how 可以避免再出现类似的问题？我曾经设计了"公关活动管理"的课程，里面包含各种辅助的报表工具和案例，针对全国各市场同事开课。那些年倒是带出了不少做公关活动的能手。

这里分享一些浓缩精华：

- 不要为活动而活动。活动的目的、对象和目标一定要想清楚。
- 设计、执行的过程中，不时回到原点审视，不要忘了做活动的初心。
- 天气、场地、人的变化……永远都不要赌不可能。备用方案最好用不上，但不能没有。
- 慎选主持人。他是活动成功的灵魂人物。
- 创意无限，每次都力争玩点新花样。
- 好的活动有迹可循，好工具可以用一辈子。
- 现在有全能科技护驾，整合资源，试试线下、线上同步，打开思路，天地更广。
- 拒绝通稿，新闻夹要量体裁衣。

- 活动中穿插一些节目是锦上添花，但切记不要喧宾夺主。
- 不要小看现场装饰设计，花心思就会与众不同。但花了大价钱不见得一定出好活。
- 执行团队，把合适的人放在合适的位置上，与他的职务、级别无关。
- 嘉宾预沟通和灯光、音响、人员彩排一样不能少。
- 活动现场的人员安全、设备安全要力争 101 分，但绝对不能 99 分。
- 细心，细心，再细心……

一句话，公关的世界里无小事。

做公益不是作秀

你有没有看到过这种照片？一群被资助的孩子或特殊人群，手举一块写着资助金额的牌子，站成一排，在闪光灯下被定格瞬间。

你有没有见过这种视频？镜头里的受资助者讲述着凄苦的经历，感激涕零地表达着他们的感谢。

你有没有注意到这种现象？一旦发生大灾大难，企业或名人第一时间捐资捐物，还要广而告之。

你有没有见到这种场景？运送捐助物资的卡车车身上以

及每箱物资的外包装上都贴着爱心企业的名字和标识，不论从哪个角度拍照都不会错过出镜机会……

这种操作几乎成为当下企业做公益的一种定式。但这真的好吗？

有一次，和一位公关同行见面聊天，但她坐下来一分钟不着闲。因为就在早上，有一个地区发生了地震。我当时就想：保佑灾区人民平安，企业公关人又有得忙了。

- 向管理层汇报，决定是否捐款捐物；
- 确定合作的基金会，讨论捐助细节；
- 通知财务拨款；
- 通知分公司准备物资，确认物流车辆；
- 联系相关部门、协会告知企业捐助决定，以便汇编企业捐款名单；
- 准备新闻稿、社交媒体稿件，广而告之……

这位同行打电话讲了许久的一件事情，倒是被我忽略的。她在电话里详细认真地指导同事怎么打印物资贴纸，企业的名字要如何醒目，拍的照片要怎么露出企业名字。她插空还给我解释着："没办法。我们既然捐款了，就必须让公众在第一时间知晓，后续还要证明捐款已经到账、物资已经发放。"

我当然听得懂，也明白她的苦衷。是这家企业的公关功利吗？捐个款，恨不得让全世界都知道。显然答案没那么简单。如她所言，假如她不这么做，第二天可能就有键盘侠搞出一个大阵仗，指责他们这么大一个企业，挣了这么多钱，关键时刻却不出力做贡献。

记得有一年，也是一次很严重的天灾，公司捐款捐物，为灾区人民和救灾英雄们尽一份心意。但后来网上却冒出一个声音，指责小肯不爱国，是"铁公鸡"，一毛不拔。原因就出在了捐赠企业名字上。当时相关部门和协会汇总爱心企业名单时，要求呈报公司名字，所以我们以 Y 公司的名义出现在爱心企业名单里，而不是旗下品牌的名字。因为公众对公司名字不熟悉，所以有些网友跳出来指责品牌不作为。我们当然委屈，第一时间做了澄清，但效果不理想。这是一次教训。之后再遇上捐款献爱心，我们都会拜托组织方一定要单列品牌名字，再或者"Y 公司携旗下品牌××××为灾区人民献爱心"。

不可否认，当下人人自媒体的时代，应运而生出许多新机会，但也孕育出各种新挑战。环顾四周，企业、名人不流行做了好事不留名，因为谁也不想被冠以"铁公鸡"这样一个名号。于是乎，你就会发现公关人在朋友圈里三天两头就要晒一条自家企业的好人好事。

凡事过犹不及。这是一个复杂的社会话题。这里不是为了辩论谁对谁错。我想从下面几个问题谈谈企业和公关人的公益担当。

企业为什么做公益

现在的企业但凡具备了一定经济实力后，不论是希望回报社会、展示企业社会责任感，还是打造品牌形象、不断提升知名度，第一选项往往都是投身慈善事业。这对社会和企业来说是双赢事业，帮助弱势群体，推动社会进步。我们当然要为企业竖大拇指，并为它们拍手叫好。

企业怎么做公益

这是一个核心问题，也是回到原始起点的问题：公益项目的设计——企业以什么样的形式，从事什么样的公益。

现在企业多多少少都有一两个公益项目。过去比较简单的做法就是与某个基金会或 NGO（Non-Governmental Organization，非政府组织）合作，直接捐资给对方旗下的某个知名成熟项目。例如，有一段时间，大家扎堆儿捐资建学校和图书馆。但这种做法的弊端就是方式从众单一，资助效果不尽如人意。而且这种公益方向与大多数企业的形象或所处行业领域没有直接关联，不能体现品牌价值和精神，关键还不能发挥企业的自身优势。

好在这些年，越来越多的企业有所意识，沉淀下来，摸索设计出结合自身行业特点和专业知识的公益项目，例如能源企业关注环保再生、纸张行业关注热带雨林、饮料企业关注水资源、服装企业关注世界文化遗产、化妆品企业关注女性创业、积木企业关注儿童创意培养、医药行业关注人类健康等。

设计、实施一个走心的公益项目是基础。发挥企业所长，帮助那些需要帮助的人和对象。公益是一项长期事业，需要承诺（Commitment）。本着公益初心，信念执着、意志坚定地一年一年执行下去。

做公益要不要宣传，怎么宣传

仁者见仁，智者见智。在我看来，做了好事，为什么不能讲？不断提升企业美誉度，这样企业才有动力坚持下去，而且还可以吸引更多的同道中人参与进来。何乐而不为？

但关键的一点是，**做公益走心不作秀。不能只是为了宣传而做公益。**

在项目执行过程中，不断警醒自己，并不时扪心自问：

- 是不是一定要拍本节开篇提到的那种照片？
- 是不是一定要放大当事人的故事，比比谁最惨？
- 是不是一定要把受资助的人广而告之？是不是要体谅顾及他们的感受？
- 第一时间发出救援物资关乎人命，兹事体大。有时间贴上企业标识，那是锦上添花……

Y公司除了有一个响应全球总部要求、覆盖旗下所有品牌的公益项目外，各品牌还有针对自身品牌特点设计的公益项目。当年小肯的公益体系主要包括三个项目：

- 曙光基金（创立于 2002 年）
- 全国青少年三人篮球冠军挑战赛（创立于 2004 年）
- 餐饮健康基金（创立于 2007 年）

这三个项目都是充分考量了品牌属性、餐饮领域和消费者的特点，做了大量调研后而专门设计出来的公益项目。下文重点分享曙光基金的创立背景和宣传思路。

曙光基金成立于 20 多年前，但即使放在当下来看，"捐资助学 + 餐厅实践"的设计理念依然很前卫。而且其他企业很难照搬效仿，因为这需要一个先决条件，拥有遍及全国 1000 多个城市的几千家餐厅。

资助对象是考上大学的寒门学子。一方面，品牌资助他们完成大学学业，这就是常态的捐资助学；了不起的设计体现在另一方面，受资助的曙光学子必须拿出他们一定的课余时间到学校就近的小肯餐厅进行社会实践，接受培训成为一名合格的餐厅员工，帮助他们提升个人沟通能力、动手能力和团队合作能力，同时曙光学子还可以获取额外的工作报酬。

我和团队于 2006 年正式接手这个项目。为了更好地服务项目，初期我们做了大量调研，其中有一个令人深省的发现。许多曙光学子羞于对外介绍他们是曙光学子的身份，因为这是家庭贫困的代名词，而外界对他们丰富的餐厅实践经历也知之甚少。当时公司官网上和对外宣传资料中，曙光基金的官宣照片就是一排学生胸前举着一个写有"5000元"的红色牌子，相关文字介绍中也是用了一定篇幅描述这些学子的坎坷经历。虽说文中也用相当笔墨提到了他们在餐厅实践中实现的"凤凰涅槃"，但估计认真读到最后的人少之又少。

找到问题，就容易对症下药。经过基金理事会的批准，我们做了一些变革：

- 重新定位项目被资助人的身份。除了之前的标准外，他们还必须是和我们志同道合的同道中人。他们需要从内心认同"曙光学子"的身份。

- 重新设计全套CI（Corporate Identity，企业形象识别）。谁说做公益就要卖惨？这些曙光学子正处于青春韶华的好年纪，宣传海报的色彩就应该多彩斑斓。我们镜头下的他们，是校园里满腹经纶的少年强，是餐厅里能说会道的多面手。他们全身都洋溢着发光的青春。

- 在所有曙光学子工作的餐厅门口悬挂"曙光学子实践基地"的牌匾，让更多的消费者认识"曙光学子"这个群体，并为他们加油喝彩。

- 公司额外拿出经费，帮助这些曙光学子设计实习项目，各地公共事务团队利用资源为项目执行提供宣传协助。

- 除原有资助证书以外，中国青少年发展基金会和 Y 公司为每一个合格毕业的曙光学子联合颁发"社会实践证书"。
- 每年毕业季期间，特别举办"我是曙光学子"风采秀专场，并邀请外部猎头、企业人事部、学校就业办老师到场，为曙光学子和用人企业搭建桥梁。

这一系列动作，都是为了让"我是曙光学子"成为他们骄傲、有底气的告白。

03

第 3 章

走进人心：公关人的关系哲学

关系管理是一套组合拳。

既要有一针见血的招式，

也要有无影胜过有形的意

念参悟。

这个领域路漫长且修远。

摆正心态的正路之"道"

关系管理是公共关系职能中很重要的一项工作，但因为社会上的一些固有成见和个别公关人的不专业作为，所以总是有人会戴上有色眼镜看待这个领域的工作。

第 1 章介绍了"公共关系"涉及的各项工作职能。但传统意义上，大众心目中的"公关"常常就是指搞关系的。

"关系"这两个字，在中国的传统文化里博大精深，与现代人的生活息息相关。我既没有引经据典、博古论今的能耐，也没有长袖善舞、八面玲珑的水平，但本书如果把关系管理这部分绕过去避而不谈，肯定是一大缺失。

古往今来，国人的关系哲学历史厚重、源远流长，对世界文化都有着深刻的影响。英语里虽说已有"Relationship"（关系）这个单词，但还是在词典里收录了"关系"的直译词"Guanxi"。《新牛津英汉双解大词典》里解释为"可以推动、促进商业和其他业务的一种社会网络和有影响力的人脉体系"。

在杜克大学上学的时候，第二个学期，有一位研究亚洲文化的美国教授专门讲中国"关系"。让我印象深刻的是她罗列了几十多条原则。她强调中国在全球的影响力越来越大，任何一家跨国公司都不可能忽略中国市场。对于学MBA 的学生，这是一门必修课。大家必须看得懂，甚至深谙"关系"这门学问。

说实话，身为一名外国人，她可以把中国"关系"研究到如此地步，着实让人敬佩。但在我的眼中，还是好比一名外国米其林大厨教我如何做中餐。

后来到 L 公司工作，因涉及外界各方关系，遭遇各种挑战而得不到国际总部的理解和支持时，我会把教授讲义中有关联的内容找出来，再加上我的说明和补充后分享给他们。用老外的理解和翻译方式讲给老外听，还蛮有效的。

这些年，与不同公关同行聊天，谈起新闻、热点、危机和人……，那都是上天入地、精彩纷呈、热闹非凡。但只要一碰到"你的关系""我的关系"这个话题，大家就有些欲言又止。实际上放眼我们的日常生活，又何尝不是？这也由此可见一斑，为何"关系"总是蒙着一层面纱。

一家企业在日常经营中与社会各界产生着千丝万缕的联系。在这些诸多联系中，企业往往把政府事务、媒体关系、意见领袖关系、行业协会及学院专家等相关工作都统一在公关部门，由专人对接。其工作职责涉及建立有效沟通途径，接受监督指导，听取意见并回答各种疑问。如遇到企业难题、行业困惑，或相关职能部门草拟政策法规征求意见时，公关部的媒体或政府事务负责人还能代表企业进行游说和建言献策，也可谓练到上乘功夫了。

打开招聘网站，媒体关系和政府事务两个职位简介（Job Description，JD）中基本不会要求你要自带"关系"，但面试时，这几乎是考官必问的问题。我曾经参加过大公司面试，到了中国区 CEO、总裁或国外总部高管面试的最后阶段，也曾被问到"你认识哪些人？"这类问题，让我有些意外。我自然不会回答这个问题为自己加分。如果对方真是因为这一点拒绝了我，那大家也是道不同不相为谋。

当年，公共事务部每年都会举行部门年会。总部各个品牌的负责人做上一年度的总结和分享未来的工作计划，而各个市场就相关负责领域进行经验分享，这也是公司重要的团队文化之一，积累 Know-how，打造 Know-how。

品牌宣传组的同事做分享很简单，把执行过的项目和成果展示出来，一目了然。负责开店支持、办理证照的同事做分享也很容易。但是到了政府事务组、媒体关系组的同事做分享，仁者见仁、智者见智。终于有一次，做关系管理许多年的一位资深同事愿意做真金白银的经验分享。但他传授的真经具有强烈的个人色彩，很难也不太具有可复制性和推广性。

几年旁观学习下来，我认为：**凡事都有度。工作关系不等同于私人交往，这两个层面需要剥离。可以讲一定交情，但公事还要公办。**

说起公关人的关系哲学，我还有一个发现。

有一次和市场负责媒体公关的同事一起参加活动，结束后外部、内部人员一起吃工作餐。席间，我们市场的媒体主任给各位老师端茶送水，甚至有些卑躬屈膝，让人看到了企业公关人的卑微。

结束后，我和团队分享感受："你是来工作的，不是来做丫头、小二的。这也不是公司提倡的文化。"那位同事很委屈："我不这样做，说不定哪天就有'好果子'吃。"我回应他："你可以照顾人，但不是伺候人。""希望大家可以有尊严地工作。"

可能有人说我这是"十指不沾阳春水""站着说话不腰疼""不知道人间疾苦，不理解下面的人办事有多难"。坐在总部办公室里的人，冻不到、热不着，动动嘴皮子就能分派一堆不切实际的工作，或者一句"你去搞定"，下面的人就不得不求东告西跑断腿。我知道这种情况一定存在，但总需要有人去带头破冰。如果遇到困难，大家一起，该拜访谁，就去拜访谁。一次不行，那就两次、三次。总是能够找到合理的解决方案。

这么多年，我发现外界专业、明事理的人还是占主流的，就看你是否能够坚持、不动摇，共情讲理有智慧，找到正确的人做正确的事。

一名公关人，不论身在多高的职位，都要有一颗同理心。同样，不论身在哪个初级岗位，都要拿出应有的专业度。

关系管理的正路之"术"

2013 年，苏总打破常规，对公共事务部做了大刀阔斧的架构改革，保留品牌条线，将媒体关系组和政府事务组进行整合，另赋予新的职能后成立了全新的策略组。

而我接到任命，组建策略组团队，首次横跨媒体关系和政府事务两大领域，全面负责公司的关系管理工作。这对我而言，是一个艰巨挑战。但幸运的是，我有苏总这么一位厉害的老师。在那段时间里，每一次的拜访、危机沟通、参会演讲等，我都跟在一边观摩学习，受益良多。在他的言传身教和小鞭驱策下，我一路小跑，快速学习和成长。

分享我的 Know-how 前，需要先聊聊策略组的职责。

架构调整前，我们部门分为品牌组、媒体关系 & 公司 CSR 组、政府事务组以及市场支持组。两个品牌团队除了服务各自品牌的所有公关项目外，还负责各品牌对应的 CSR 项目、危机管理和碎片媒体关系。

架构调整后，策略组为公司旗下的所有品牌提供公关策略支持、危机管理，并同步整合所有关系管理。两个品牌团队不再涉及危机，全力配合企划团队的日常新品上市、常规企划项目及 CSR 项目管理。

接到此项光荣任务的我，脑子一团乱，不知道从何入手。但我很清楚一点，这次调整绝对不是简单的职责大挪移。这些组合的背后有什么样的逻辑和厚望，是我需要首先厘清的任务。

思考了几天后，一个金字塔形状的职能架构（见图 3-1）日益清晰。把四大职能的关系捋清了，我也就想明白了我们努力的方向。

图 3-1　策略组职能架构

　　两大关系管理是基石，既相对独立，又关联融合、相互支持。在这两大关系的基础上，无论是媒体宣传需要，还是外界项目要求，都要充分考量品牌定位和年度重点，设计品牌策略层面的公关宣传项目。有了这些平时打基础的储备后，危机一旦发生，才能第一时间整合外部、内部的核心匹配资源，迅速行动，并积极回应各方关切。

　　接着第二个问题来了。关系管理到底应该怎么做？

　　当年公司在全国有 17 个市场分公司，也就意味着有 17 个市场公共事务团队。每个团队都有 2 ～ 5 人专职做关系管理的日常工作。

　　旗下几千家餐厅分布在中国内地的千余座城市。想象一下，如此业务体量，这么大一个系统，再加上餐饮业鲜明的行业特点，对口部门、媒体有多少家、多少人。正可谓网络庞大，错综复杂。这也正是建立如此大规模公共事务团队的根本原因——在餐厅一线有任何情况发生时，遍布全国的公共事务人员能够在第一时间响应需求，并提供专业支持。

这次架构调整的初衷是打破传统分工，整合资源，力争释放出公共事务部最大的能量。我的核心工作就是打破地域壁垒，打破人的壁垒，把所有资源整合在一个盘面上。"纵横捭阖"打通奇经八脉是我的目标。市场人员的工作重点是各个地市相关部门、机构和媒体的日常拜访和沟通。我和总部团队的重点则是统筹全国层面和总部所在城市的所有部门、机构和媒体的沟通。

在这个过程中，苏总作为公司"首席公关代表"，不论他的日程安排有多满，他都提前规划好时间，全力配合相关安排。一年两次的北京和上海的拜访；"餐饮健康专家委员会"一年两次的会议；"曙光基金""餐饮健康基金"一年一次的理事会；还有各种新闻发布会、演讲、专访，以及重要的会议……凡是需要他出马的工作，他绝不推辞。为了保证这些拜访、活动和会议的时间，每年年末提前两个月，他的秘书就会把下一年的行事历发给我们优先锁定所有行程。

主导策略组工作的那几年，虽说仍然有许多日常执行（Hands-on）的工作，但我把精力更主要地放在宏观和面的把控上。看的是全国的盘、各地的局，想的是横向如何铺、纵向如何打的问题。

等我加入 L 公司以后，虽说工作职责还是这几项，但具体内容又有了质的不一样。

基于我在 Y 公司和 L 公司两家的实践，视企业所处行业特点、具体产品业务、公司规模等，关系管理可谓"道相同，术有差"。

L 公司于 2016 年才全面进入中国市场，相比 1987 年就在北京开了第一家餐厅的 Y 公司，实在是一个新手村成员。

L 公司大中华区之前没有公共关系这个职能部门，这也是我回国后选择这家公司重入公关领域的重要原因。随后公司创立了"对外沟通及政府事务部"，然后还在市场部设了一人做品牌公关，负责日常产品宣传。两家公司所处的行业完全不同，体量更是没得比。与 Y 公司相比，L 公司没有大树可乘凉，也没有大建制的团队做辅助。所有的一切都从零开始，我必须白手起家。

报到的第一天，令我印象深刻。与我交接工作的是首席财务官（CFO）和一位财务部同事。记得当时他们给了我一张 A4 纸，上面复印了 4 张名片，是对口部门的 4 位联系人，并介绍了过往两年参加过的少有的几次会议和见面情况，这就是这家著名的跨国公司大中华区的所有关系。

这两段迥然不同的经历，应该足以代表当下跨国企业公关团队的现状。那么，关于关系管理，我的 Know-how 是什么？

- **成熟的公司与初来乍到的公司，关系管理的策略、路径都不一样。**

依据公司文化、业务特点、业界地位，制订合适的关系管理长期规划和近期计划。

- **修得一身扎实的基本功，这是看家必备。**

各级部门网站，各个协会的官网、公众号，各类图谱和年鉴……都是企业政府事务团队学习的途径和宝贵资源。了解架构、职能、人员以及官方英语翻译，研读各种法规、政策……每一项都是必修课。至于媒体关系的学习，前一章有所涉及。总之，遇到不理解、想不明白的问题，就向周边可以做老师的人虚心请教。

- **关系管理也有地图（Map）。**

针对每家企业的特点、业务条线、近亲远亲……完成属于自家企业的关系地图，把关键部门（Key Department）和关键人（Key Person），还有重要意见领袖等一一识别出来。这样就可以目标明确地制订计划，并开展下一阶段的工作。

- **要有格局和胸怀。**

关系不是"你"的，也不是"我"的。凡是工作上的关系，都不是个人财产，而是公司的资源。

以上海为例。早些年，总部的关系管理组、上海市场的关系管理组，还有总部两个品牌团队的人员，总共差不多有十几人。大家各有各的资源网络，但往往对接的部门、媒体是同一人或同一组的人。当然，其中不排除有同学、朋友关系，但相信能够认识更多的人是因为大家服务的品牌和背后的大树——集团公司。但往往身在局内的人可能会看不清楚，以为这是一两个人的功劳。这是一个误区。

做关系管理，不能划分领地、各自为政。大家要共享资源，抱团取暖。

- **关系是双向的。**

涉及双方的相互认可，既包括对公司、品牌的认同，也包括对工作人员的人品、工作态度的认可。从对一个人的认可到对一家公司的认可，是所有关系开展的基础。

- **盘点恩情账户（Emotional Bank），注意存款，适时取款。**

这个概念的出处有几种说法，但许多人都是从《高效能人士的七个习惯》中有了更深刻的理解。公司的关系管理工作，需要定期复盘。例如，在关键时刻，公司是否可以得到这些外界资源的专业指导，这也是自查关系管理工作是否到位的一个重要指标。

- **走出去，请进来。**

不能只是天天坐在办公室里"高屋建瓴"，也不能只依靠团队成员或分公司人员辛勤耕耘。总部的人、管理人员也需要走出去，与外界沟通。还要把相关部门的人请到公司来，参观体验，亲身感受、眼见为实。

- **不惧权威，不屈小人。**

眼观六路，耳听八方。情商在线，智商不掉线。

- **公司人人都是公关大使。**

必要时，公司高层必须亲力亲为，给予参与时间上的保证。

向外交官学习

曾经看过一篇讲公共关系的文章，其中有一句话受用至今：**做公关，如同做外交官。**

看看那些叱咤风云的外交官，在代表国家利益的立场上绝不妥协。面对各种误会、难题，或者挑衅、刁难，甚至冲突、危机时，临危不乱，有时大义凛然，有时大智若愚。既有晓之以理、动之以情的大度量，也有斗智斗勇、"谈笑间，樯橹灰飞烟灭"的胆识和谋略。

公关人很多时候也扮演着类似角色。代表公司，在外部场合与不同的人做沟通交流。其中免不了要面对各种质疑、挑战，甚至是约谈、行政处罚。当然还有免不了的媒体批评稿件。那公关人可以从外交官身上学什么本领，并学以致用？

人情世故是必须过的坎儿

做公关的人要看得明白人情世故，有眼力见儿，但不能世俗。其中的学问博大精深，这里只是抛砖引玉。

拿捏好和颜悦色与据理力争的时机

代表公司与外界打交道，逢迎谄媚、溜须拍马不是公关人的标配，但甜言蜜语一些、嘴巴甜一点地做沟通，成功的概率总是大一些。"爱笑的人，运气不会差""伸手不打笑脸人"等，讲的都是一个道理。

与人沟通，总是最难的事情。公关人不是弱势的代名词。有时面对外部的强势，一味退让并不能从根本上解决问题，更谈不上得到尊重。尺度拿捏到位，有理有据，从另一个方面也传递了公司的立场和态度。

参悟"Yes"和"No"背后的逻辑，听明白弦外之音

说"Yes"不代表真正同意，说"No"也不见得不可以。字面意思与个中含义取哪一个，需要视情况、背景而理解、体会真正的意思。

不能人走茶凉、釜底抽薪

当年公司设立了一项荣誉，专门颁给那些曾为推动公司发展而做出贡献的已经离开或退休的同仁和外部人员。每年

一次，公司高层都会邀请被授予该荣誉的成员们相聚一堂，分享彼此近况，共叙家长里短。

我参加过几次相关聚会，席间听到最多的话就是："谢谢苏总和公司一直还惦记着我们，这么有人情味的公司一定百战百胜。"

尊重主场，客场礼让

去人家家里做客，不论个人喜好，总要给主人三分薄面。这在公关人的日常工作中，是时常都会遇到的场面。分清主次，说该说的话，做该做的事。

该打的"架"必须打

公关人的处事字典里不能只有忍气吞声、认错道歉。如果真是企业错了，这无可厚非；但如果是被误解、冤枉了，不能只有"打落牙齿和血吞"一种解决方案。那问题来了，要打"架"，怎么打？

有一次，我们接到一家媒体的采访需求。这是一本财经杂志，以立场中立、观点犀利出名，而且不太讲人情。

我很敬重这家媒体，联系了记者，得知她在筹备一篇关于外送的行业稿。沟通下来，发现她关注的话题与品牌业务有一定距离，便婉拒了采访。但这位记者很执着，修改了几稿采访提纲。我回复她："以后如有合适机会，可以安排一个品牌总经理的专访，深入聊聊品牌的外送业务。"

　　没想到几天后，她告知我已经从领导那里申请了两页的专访版面。于是我也努力得到了品牌总经理的支持，表示全力配合此次采访。

　　采访进行得很顺利。这位记者也让我看了初稿件。她的文笔很好，虽说有些内容是挺犀利的，但这是媒体人第三方的观察和思考，我们表示尊重。

　　但后来事情的走向超出预料。等终稿出来，根本没有专访，只有行业稿，里面夹杂着对品牌总经理的采访，但关键问题是把品牌总经理的原话拆分得四分五裂，极有可能误导读者。

　　我再联系这位记者，她却玩起了失踪。于是我请示老板后订机票直飞北京，按照杂志上的地址找到了该杂志社。当时除了这位记者，我不认识任何人。我就一个人一个人地打听，终于见到了这位记者所属部门的主任，他听完表示同情，但告知我"他不知情，这是记者的个人行为"，他一定会"批评教育这位记者"，但没办法给出任何解决办法。从这位主任的办公室出来，不甘心的我一眼看到挂着"总编辑"门牌的玻璃门，于是敲门而入。屋子里有两个人在说话，竟然是总编和副总编。

　　与两位老总聊了许久。前面的谈话，我还有些告状的气势和味道，但后来就兴致勃勃地听他们讲杂志的一些故事，再聊回品牌，回答他们感兴趣的各种问题。

　　不可否认，我头上的小雷达一直开着，工作习惯使然。我不可能有问必答，但绝对不说大话和假话。但凡在我可讲的范围内，我必真诚以待。

两位老总都是有大智慧的人，我受教许多。最后，他们给了我有手机号的名片，让我再相信他们一回，保证给个说法。

之后新一期杂志上市，那篇专访稿赫然在列，前后增加了一些内容，听说是他们老总做的修改。虽说全稿中没有什么特别表扬的内容，但有一说一，特别是文中的点评，有品质，有深度，让人肃然起敬。

这个事件还有后续。后来我才得知这本杂志做专访的企业很少。如果真有，大都也是批评稿件。这就是我学艺不精。如果我有认真研究、做功课，就不会提出那个多此一举的专访建议。

过往工作经历中还有类似事件。只要我们讲事实、摆道理，总会遇上明理的媒体负责人，给我们提供一个还原真相、客观发声的平台。

我认识的许多外部老师，都是在不断交往沟通中，相互了解彼此，而后君子相交至今。对此，我的心得体会如下：

先练好内功，不要自以为是。对自己还是要再狠一点："你真的、真的搞明白了吗？"

该打的"架"必须打，不能缩头。不能因为是媒体或相关部门，就畏首畏尾。很多时候，可能退一步海阔天空，但应该据理力争时也不能认怂。

妥协不是解决方案

做关系管理的相关工作，经常都会遇到进退两难的境地。

我们身处一个"讲人情"的社会，自然就会遇到各种各样的情形：有来说情的，有来拉赞助的，有来做评奖或排行榜的，还有利用批评报道谈合作的……但凡与人相关的事情，就不是做 1+1=2 这样的计算题可以简单地得出答案的。

虽说"退一步海阔天空"，但何为"退"？怎么"退"？无论哪种"退"，都不是"妥协"。

有一次亲身经历，至今难忘。

传真机应该是过时的设备了。但过去那些年公司传真机一直放在那里，随时处于收发文件的工作状态。有一天，传真机竟然工作了，上面写着"公关部收"，来自一家行业报纸。

这是一份稿件确认函，后附了一篇关于小肯的拟刊发报道。这家媒体的报纸是八开的，而这篇报道计划一个整版，显然是一篇大稿。

记者很有心，差不多把过去几年间可以收集到的有关品牌的批评报道和顾客投诉来了个大锅烩。

为了增加报道的真实性，文中每个事件前都会加上"本报接到消费者投诉……"或"本报从相关部门得知……",最后还采访了行业协会人员和行业专家,给出专业点评:"这么大的一个洋快餐品牌只知道赚钱,如此辜负广大消费者的信任,结局就是终将被国人抛弃,退出中国市场的日子不远了。"

这种事情放在早两年,公司会要求把函件转给法务部处理。经评估后,交由律师联系对方或直接发一份律师函。但这种做法有其弊端。有了律师函,就等于提供了新的"弹药",媒体可以写后续,接下来还可能有第三篇、第四篇,做成一系列报道。即使最终我们可以证明这些报道不属实,但对品牌已经造成了不可逆的伤害。

也许有的公司选择看似简单、"一劳永逸"的解决办法:大家做盟友。但这如同打开了潘多拉的盒子,有了 A 媒体做合作伙伴,那 B 媒体、C 媒体呢?难道都要结成战略联盟吗?

我们和当事媒体有长达月余的沟通。面对稿件中各种张冠李戴、东拼西凑的"顾客投诉"和"危机",我们与内部所有业务部门一一进行核实后,提供了一份完整的书面回应。面对对方时而"疾言厉色",时而"和煦春风"的电话,我都是不卑不亢、有礼有节地做出回应。最终,当事媒体的负责人给我打电话,告知他们放弃了报道计划。

这是一次成功的化干戈为玉帛的沟通。由此,我得出的心得体会:

- 不要预设立场，认为对方就是来"碰瓷"的；
- 更不要面对面硬刚；
- 消除对媒体的恐惧；
- 对媒体释放最大的善意；
- 给予对方充分的专业尊重，摆事实、讲道理，但不能谈条件，更不能妥协。

许多年前我参加过一次媒体培训，老师曾经担任过部门新闻发言人。他告诫我们，任何行业都有害群之马，不能以偏概全，但也不能把所有送企业批评新闻的媒体都当作敌人。媒体与企业公关拥有不同的立场，双方都是各司其职，没有对与错。大家要学会换位思考。媒体生态圈也是优胜劣汰。对于新创刊的媒体或小媒体来说，它们要存活下来，就必须要有狼性。

这些年，我曾与无数媒体打交道。有遇到过让我委屈大哭的，有气得我全身哆嗦的……但更多的还是专业了得、让我佩服的媒体老师们。

当然，人无完人，品牌也不可能不出错。我们遇到的各种批评报道也不在少数。如果确实是品牌的问题，错了就是错了，认真道歉，虚心改正。

做个小结：

- **身为一名公关人，不能意气用事，不能自恃清高。面对形形色色的"牛鬼蛇神"，有礼有节。不厌其烦地全**

力与小人周旋。不助纣为虐，但也不要处处树敌。

- 只要坚持走在正路上，有直面问题的勇气，有不躲避责任的担当，就是好品牌、好公司。

再坚持一下，叩开机会的门

做过关系管理的同行，估计都有过类似经历：

- 公司计划开展一项新业务或设立一个新项目，需要咨询或报批相关部门。于是公关人肩负光荣使命，需要找到对口部门的对口负责人，但往往没有头绪，不知从何处入手。

- 找到对的人，可能就需要百转千回。好不容易找到了，面对陌生的人，如何打破各种可能的不信任，甚至质疑和挑战，又是必须过的一关。

- 遇到的负责老师可能板着脸，自带威严。你同对方讲话，心中难免总是咯噔："这是不认同，还是我讲错话了？"……

这些年来，因为工作需要，与许多部门老师、媒体老师都有过沟通交流。实际接触下来，更多时候发现这些所谓的严肃面孔，只是他们的工作环境需要，或者个性使然。大家终究有着不同的文化背景和工作氛围。

早些年，是我想得简单：他们又不是我领导，管不到我升职、涨工资，我怕他们作甚？现在看得明白了。大家都在工作，各自有立场。要学会换位思考，理解对方的顾虑，对症解题，争取双赢。

做公关的人，有时必须要有执着的精神。心脏要强大一些，脸皮要厚一点，柳暗与花明往往就在一念之间、一线之隔。

在 Y 公司的十几年里，主导、参与的项目、活动成百上千，但最让我偏爱的项目中，全国青少年三人篮球赛占有重要一席。

我一个刚刚加入公司的新人，第一次代表部门，就能作为创始成员参与公司如此重要的项目。这么多年每当想起，我满心仍然都是骄傲。

小肯这个品牌有上校爷爷和好吃的炸鸡护体，自带光环，但也有着不可忽视的先天不足，是一些人口中的"垃圾食品"。2000 年后，品牌开店加速，每 4 ~ 8 周就会有一款新品上市，不少还深具中国本土特色。但在大洋的彼岸，品牌的故乡美国，由于肥胖、三高等日益突显的社会问题，公众的质疑声音直指遍地开花的所有快餐品牌，其中自然也包括小肯。

苏总带着他的中国团队，居安思危。他多次在品牌策略会上指出必须提前重视这个挑战。不能因为当下这个挑战在国内还不是一个问题，大家就可以心安理得。这个应对的工作必须提前。所以那几年，品牌陆陆续续有几个重磅动作。

小肯邀请了业内餐饮健康领域的各路专家做顾问，不仅推出了餐饮健康白皮书，还利用餐厅里一切可利用的资源做消费者宣导，致力传递"没有不健康的食品，只有不健康的生活方式"理念。但综合评估下来，发现还是少了一个让消费者身体力行，培养其良好运动习惯的平台。

调研、对比了所有外部资源后，没有找到符合品牌需求的项目，那就只能自己动手，设计组织一项赛事。相比足球、羽毛球、乒乓球等运动，三人篮球赛是最佳选择。首先它是青少年中的普及项目，而且对场地要求简单，不像5人篮球赛或10人足球赛还需要一个正规球场。一块小小的空地和一个篮架、篮框就可以玩起来。另外三人组队方便参与，既可以体现团队合作精神，又不失个人斗牛（Battle）的乐趣。

确定了大方向后，全国青少年三人篮球赛的筹备工作正式启动。项目组由企划部主导，他们两人，然后公共事务部出一人，就这样三人组成了最早的筹备组。后来又陆续增加了营运、法律部和人力资源部各一人。

我作为元老成员入组实属巧合。因为那个时候，我是公共事务团队里唯一一个有篮球赛事组织经验，在当时动员大会上可以回答苏总的"单循环""双循环""联盟赛制"等问题的极少数人之一。

因为当时在会上接住了苏总排山倒海般的问题，我便被委以重任："你去联络相关部门，看这个赛事需要什么样的报批流程和手续。力争今年 8 月准时开赛。"当时已是 6 月，我加入公司的第 3 个月。我的本职工作是为两个相对较小的品牌提供公关支持。

领命后的我，有些惶恐。我完全不知道应该从哪里开始，于是向一位媒体老师请教。虽然他不觉得我们能办成此事，但还是真诚指点。要做此类全国性赛事，要不走教育口，要不走体育口。

评估下来，我们想做成家门口的草根赛事，不对口学校，那就应该向体育主管部门报批。

我认真做了功课后，就只身奔赴北京，站在了国家体育总局的大门口。接待我的老师们，听了我的介绍，看了我递上的方案，显然都是第一次看到这么一个与众不同的项目计划书，帮我打电话咨询这种事情应该找谁。一位老师指点我："和群众体育有一定关系，但这种情况没有遇到过。既然是篮球领域的赛事，要不去篮球协会咨询一下？"

当年的中国篮球协会还是在一幢独立的小白楼里办公。接待我的老师们还聚在一起商量这事到底该找"专业竞赛组"，还是"社会活动组"。终于……我坐在了负责青少年活动的许闻峰副秘书长的面前，被他正式"认领"了。

许副秘书长就是那种面无表情、自带威严的人。面对他的强大气场，向他正式介绍我们的赛事计划时，我感觉自己底气越来越不足，讲话声音越来越小。只见他一会儿盯着我的名片，一会儿翻看我递上的赛事计划书。在终于听完我的絮絮叨叨后，许副秘书长问出了一连串很犀利的问题。

我当然知道我拿来的项目计划书有多么"耸人听闻"。之前苏总把他关于三人篮球赛的一些想法和他预想的赛制（见图3-2）拿给我们筹备组的时候，我的第一反应就是："大老板开玩笑吧？"

三人篮球赛改进意见

SAM SU

图 3-2　苏总关于三人篮球赛的改进意见

当年，也就只有那几家体育用品公司、饮料公司、啤酒公司在做三人篮球和五人篮球的社会赛事，最大规模也就是在全国的十几个城市举办。而苏总写的这个计划书，在我们内部团队眼里简直是异想天开：

- 赛事分为常规赛和季后赛，预计持续小半年。
- 常规赛阶段，降低门槛，简化规则，尽可能为广大青少年提供参与的机会。常规赛的赛制采取双循环，甚至三循环设计，要让参与球员多比赛、多打球，不能一局定胜负。各个球队根据最终积分排名决定是否进入季后赛。季后赛的赛制设计，与国际、国内专业赛事接轨。
- 以餐厅为单位，负责组建自己的联盟参赛队伍。参与赛事的每家餐厅，在专业机构的指导下，专业裁判的执法下，自行组织赛事。
- 不收取任何报名费，鼓励符合条件的青少年积极参与。
- 计划第一年进入 200 个城市的近千家小肯餐厅，计划招募几万名球员……

我一个小小的公关主管，就让我代表公司来谈如此重要的项目。而这个赛事计划书又是如此"天马行空"。所以，我百分之百理解许副秘书长为何会挑战该项目。

虽说我当时满腔热忱，但实则底气不足。自然也就得不到许副秘书长的认同："很欣赏你们的勇气，也很感谢贵公司希望为篮球事业做贡献的想法。但你们这个计划书没有实操性。你们要不考虑一下参与我们现有的篮球项目？"

老妈知道我去北京谈这个项目，一直关心着进展。听完我的经历后，特别是许副秘书长的质疑后，竟然笑得前仰后合。做了一辈子公务员的她，给了我最中肯的回应："他同意了才不正常。他们对你们不了解，没见过你们这样做事的公司。你要给他足够相信你们有能力做出这个项目的理由。"

老妈启发了我。回到酒店后，结合许副秘书长提出的诸多问题，我打电话向团队寻找答案和支援。第二天早上，我又准时出现在那个小白楼。虽然再次看到我很惊讶，但许副秘书长依然礼貌接待了我。我提供了一堆答案，又收到了一堆新的问题。

在这段持续沟通期间，我和项目组保持着密切沟通，不断修正完善计划书。在一些根本性、原则性问题上拿不定主意时，只能鼓足勇气向苏总求助。

每一天我都要鼓足勇气去小白楼继续"上班"。遇到许副秘书长不在，他部门的老师们对我都很客气，就让我坐在他办公桌旁那个有些破旧的长沙发等他。每次许副秘书长回来，看到抱着电脑坐在那个沙发上办公的我都是一愣，但也没有下逐客令，百忙中继续为我提供新一轮 Q&A 的机会，但可以感觉到他在认真倾听和思考。这也给了我信心。

这种来来回回的沟通差不多持续了一周。面对那份已经修改了若干版本（原有的赛事规模与赛制设计没有变，只是增加、细化了更多执行细节）的计划书，许副秘书长竟然松口了，还邀请了赛事部的老师一起讨论，结论是"可能有戏"，让我把计划书留下来，他下一步找领导汇报。我离开前，许副秘书长还特别语重心长地叮嘱："不要来我这里'上班'了，回上海等消息吧……"

后续发展意想不到地顺利。正式递交计划书后不久，就接到了中国篮球协会李元伟副主席约见苏总的邀请。苏总立即调整行程飞往北京，两位大佬终于见面。双方就该项赛事进行了深度沟通，并达成共识。李副主席批示篮协全力指导支持。

等我再次踏进小白楼许副秘书长的办公室，为新赛事各项筹备工作而开始新一轮"上班"时，发现那张旧沙发被一张小桌子取代。他部门的老师告诉我，这是为我准备的办公桌，许副秘书长说一直坐在沙发上抱着电脑办公对身体不好。我满怀感激地看向许副秘书长，他依然还是那张扑克脸。

随后，中国篮协向全国各地篮协发通知，要求全力做好该项赛事。许副秘书长起草的通知，全面详述展示了这项赛事的特点和与众不同的赛制，听他部门的老师说"了不起，后来成为每年赛事的典范模板"。再后来，篮协又在北京举行了全国裁判员的培训会，落实各项工作。就是从 2004 年开始，篮协与小肯两个看似完全无关的机构走到一起，携手缔造传奇。第一年，在 3 个月的赛季里，172 座参赛城市的 48 000 余名篮球小子享受到了在家门口运动的快乐。

这项活动每年都在创造国内篮球赛事的纪录，也是目前持续时间最长、参与人数最多、规模最大的青少年三人篮球草根赛事。我离开公司那年，这项赛事已经举办了 12 年，160 万余名青少年曾经穿上三人篮球赛的战衣为团队、荣誉而战。

李副主席在不同场合都曾提及这个项目，称我们"做了一件功德无量的大好事"。他退休后写了《李元伟篮坛风云路》。书中专门有一个章节对这项赛事给予了浓墨重彩的肯定。"×××公司为办好这项赛事倾注了很大的心血，他们用位于各地的分公司和店铺网络，组织这项遍布全国大中小城市的赛事，发挥了其独特优势，这也是别的企业无法与他们相比的。""这项赛事的发展出乎我的意料，获得了极大的成功。""青少年篮球活动的开展对于推动群众性篮球活动具有重要作用，一个孩子的背后就是一个社会群体，孩子的兴趣和前途无不牵扯着父亲母亲、爷爷奶奶、外公外婆、亲朋好友的心，从这一点讲，×××大中华区为中国篮球的发展做出了独特的贡献，也成为一个合作双赢的范例。"

现在回想起来，如果当年我气馁放弃、铩羽而归，回上海复命，后续赛事肯定还是可以以某种形式举办的，但与众不同的赛事理念和独有的赛制周期等是否还可以如我们所愿，则很难想象。

借用一句话，"难在自觉，贵在坚持"是很好的总结：

- 做人有品，做事有品，是外界愿意和你打交道的前提。

- 专业的人做专业的事。不能讲外行话，不能做外行事。
- 不能怕，不管对方是多大的职务。
- 许多时候全凭自觉。
- 拿出坚韧、不气馁的精神。

好公司的好，专业公关人的专业，派上用场的前提是先要叩开机会的大门。

04

第 4 章

捍卫人心：躲不过去的危机

危机管理的最高境界：世界太平。

危机管理的分水之岭：转危为机。

危机管理的悲惨世界：伤人伤己。

话说危机

终于写到危机管理这沉甸甸的一章。不好写，但却是一个不得不碰的话题。

这部分内容在我的公关生涯中占了很大比重。每当想起，犹然可以感受到彼时的惊心动魄。

何为危机？有各种定义。在我看来，考量以下几项指标最为直观：

- 紧急程度
  ◎ 人命最大。是否涉及人命关天的事情。
  ◎ 其他各种安全话题，如食品安全、人身安全、设备安全……
  ◎ 与特殊群体有关，如老人、孩子、孕妇、残障人士……

- 话题重要度和热度
  ◎ 牵涉国家主权、领土完整、民族尊严等。
  ◎ 涉及民心、民意和老百姓的切身利益。
  ◎ 涉及名人、大公司、知名品牌。
  ◎ 群体事件还是个体事件？

- 舆情走向
  ◎ 相关部门是否有盖棺定论。
  ◎ 原始出处的声量大小。

◎ 覆盖的传统媒体范围和数量。

◎ 加入传播的社交媒体力量。

- 时机背景

  ◎ 是否有特殊事件背景、特定时机？这个关系到事件的后续是走向趋缓，还是愈演愈烈。

- 杀伤程度

  ◎ 对公司、品牌声誉是否造成负面影响，还是已达到伤害程度。

  ◎ 是否对销售有影响。

  ◎ 是否涉及赔偿事宜。

  ◎ 是否上升到法律诉讼。

……

事情发生后，首先要判断是危机（Crisis），还是事件（Issue），或者只是热点话题（Hot Topic）。这个步骤很重要，因为直接关系到后续怎么做。

之前分享的"流量鸡腿"事件，话题涉及百姓的切身利益（大多数人都使用手机），网友讨论声量几何指数增加……，但是紧急程度尚好。至于对品牌的影响程度，需要分开看待。对于手机运营商而言是危机，对于小肯而言最多算热点话题。

在 L 公司的时候，也发生过一起值得复盘的案子。

　　一位女性消费者买了几件内衣，回去后发现其中一件内衣的防盗扣没有摘除。这位消费者尝试拨打店铺所在商场的电话无人接听后，就用牙齿去咬防盗扣，希望自行摘除。结果防盗扣没拿掉，却把牙崩掉了一块。于是她找到店里，经沟通退掉了相关内衣，店铺报销了其打车费。但赔偿补牙费用的要求被拒后，她一气之下投诉到电视台。新闻播出后，许多社交媒体转载，网友纷纷加入讨论大军，但话题都是热议，甚至调侃消费者自行撤除防盗扣的做法。

　　当时我们在第一时间就注意到这条电视报道。我请团队一方面及时关注舆情走向，另一方面立即与店里核实所有细节，看是否有处理不得当、言语不合适的环节。

　　综合判断下来，除了店员在第一次销售产品时没有摘除防盗扣这一点上有瑕疵外，其他的应对尚可。所以我们的应对方案是：

- 定性。不是危机，最多算是热点事件。
- 准备了媒体回复备用。
- 向相关部门、机构报备。
- 与内部营运部门沟通服务流程，强调摘除防盗扣环节要执行到位。
- 与内部资产保护部门沟通，检查店铺防盗设备，了解有防盗扣的产品被带出门却没有引发报警的原因。

事件的后续走向也符合我们的预判。关于消费者，维持原解决方案；报道媒体没有再做跟进报道；网友们在热闹讨论了一番后，一切回归平静。

管理危机，最忌讳大事化小，没有风险警惕的敏感度。但也没必要一有风吹草动，就搞得上上下下、里里外外人仰马翻。

不能麻木不仁，也不能天天喊"狼"来了。这个非常考验公关人的综合研判能力，特别是那种经常发生消费者投诉的快消企业。如果内部各业务部门被公关三天两头的预警搞麻木了，一旦哪天"狼"真的来了却没有重视并认真对待时，那就真的是麻烦大了。

先立认知：在其位谋其政

聊危机管理这个话题前，需要特别澄清两个误区。时至今日，这些认知可能依旧存在，所以这里需要先"破"再"立"。

你不知道什么是你不知道的

大家对公关危机总是会多看两眼。任何旁观者选一个制高点进行评头论足都不是一件难事。

现在不论出了什么大危机、小事件，我们往往被各路社交媒体的评论文章、视频淹没。随手一翻，不乏 10 万 + 的阅览量。俨然身边人人都是公关危机专家。

点评别人做得好坏，其实很简单。但看别人做与自己做，实有天壤之别。

如果没有过身处危机漩涡当中的经历，外围者可能永远都无法感受到那个除了压力还是压力的当下，必须在几分钟内做出生死攸关决策的那个当下，拿主意、做决定是多么考验人的事情。因为不能理解当事人在那个时间点还有没有其他更好的选择。

危机发生的时候，大忌就是只看表象、道听途说。因为**"你不知道什么是你不知道的"**（You never know what you don't know）。这句话虽说很绕口，但是是危机管理中的真理。

身为局外人，哪怕是局内的非当事人，都可能不知道全部真相。你不知道那些身在危机小组的成员们到底经历了什么，面临什么样的处境，要做什么样的抉择……你不知道他们有哪些难处，有哪些力不从心，有哪些身不由己。可能最坏的情况就是即使没犯错，但不论怎么选择，最终的结果都是输。

所以，每一个危机的背后，到底是品牌和其团队因为自身水平问题打了一手烂牌，遭众人谴责，还是打落牙齿和血吞，身处有苦不能说的局面……我们可能永远都不知道。

当然，那些明眼就能看出结果好坏、水平高低的案子除外。

有些危机的应对，真心糟糕。前段时间的一个热点案子，与消费者人身安全这项切身利益密切相关，但新闻发言人接受采访时还能面带微笑，隔着电视镜头都能感受到她和她背后公司的傲慢，这显然是非常不专业、招惹众怒的做法。再就是各种奇葩声明，虽然明明写着"道歉"二字，但字字背后都在传递一个信息："是你们不懂，是你们想多了，我们没有错……"公众都有判断力。面对这样毫无诚意、完全意识不到错误的危机公关，大家当然会站出来，人人喊打。这对于涉事企业而言一点也不冤枉。

要知道，打造一个好品牌，都需要历经"一路捉怪降妖、九九八十一难"，方能到西天取得真经。但重创一个品牌，可能只需要一个危机。所以说，于公司、于品牌而言，必须爱惜自己的羽毛。负责危机管理的人很重要，公司品牌做的事更重要。首先绝对不能涉险或者赌运气；其次有些事情即使没有违法违规，但有悖公序良俗、可能引来民怨，也不能碰。即使品牌有什么大家不知道的委屈，在这种情况下，也多说无益。正视错误，尽早道歉，是唯一正解。

都说外行看热闹，内行看门道，但不论内行、外行，只要不是当事人，面对一个危机发生时，还请客观冷静，有自主判断力。先看看这家公司或这个品牌长久以来的"人品"，看看对方怎么说、怎么做，而不是一上来就附议唾弃。

我不是因为做企业公关，就偏向企业说话。这是一个自我要求和请求：**从自己做起，不做键盘侠。做一名善良、冷静的局外人，这有助于社会文明的整体进步。**

"转危为机"实为无奈之举

从我入行开始，就从各种场合听到："何为危机？就是转危为机。"

起初，我对此也是深信不疑，并将其作为我努力奋斗的专业境界之一。但随着处理的危机越来越多，不断复盘自省，思考越来越深入，我有了不一样的认知和理解。

危机管理的最高境界：世界太平。不是没有危机，而是让局外人没有觉察到危机的发生。通过前置有效的风险预防和管控，将可能发生的危机消灭在萌芽中。相信大家都知道扁鹊和他大哥的故事。

危机管理的分水之岭：转危为机。危机只要发生了，就不是好事情，就一定有伤害。但真到这个时候，不能做缩头乌龟，也当不得埋头鸵鸟，只能积极应对，尽可能快速止损。转"危"为"机"，实为将功补过，把对公司、对品牌的伤害降到最低。必须承认，危机造成的裂缝会持续很长时间。所以，最好不要有危机。

危机管理的悲惨世界：伤人伤己。危机发生，本就糟心，结果还处理得一塌糊涂，没转成"机"，还落个自戕自残，大伤元气，这是最差的局面。

可能有人不认可这个观点，估计是因为：

- 力所不能及。限于公司管理层的认知和架构的设置，作为辅助部门的公关部，在公司内部缺乏话语权。即使看到了风险，也有心无力进行干预。

- 不发生危机，哪来的危机管理？又如何彰显公关人存在的价值？

当然，任何一个爱惜自己羽毛的公司、品牌和公关人，肯定不能，也不会为了一个"机"，而去制造"危"。这除非真的是脑瓜子被门板夹了。

如果是力所不能及，那就想办法得到管理层的认同和支持，这是一项不容易但必须要做的工作。

如果是依靠处理危机来刷存在感，那是公关人的悲哀，这种所谓的价值不会长久。

再立规矩：系统需要制度和流程

当年有一家很有影响力的报纸媒体发了一篇评论性文章，说 Y 公司厉害，除了一系列大家常说的本土化策略执行到位等原因，还有一个外界不知道的原因——这家公司拥有非常厉害的公关团队和采购团队。

　　之所以提到公关团队，是因为那些年发生的危机和应对，让外界看到了这支团队训练有素，临危不乱，有专业有情怀。

　　当然也有反面声音和质疑：他们家发生了那么多事情，还能说公关优秀？

　　Y 公司是行业内的一艘航空母舰，旗下所有品牌的餐厅截至 2016 年已超过 7000 家，员工超过 42 万人，每天服务的顾客超过几百万人次。想想看，还有哪家跨国公司的大中华区，或者哪家餐饮企业有这样的规模？

　　一家餐厅就是一个小社会。一天营业下来，吃喝拉撒，甚至还可能上演着人世间的悲欢离合。

　　哪怕有一半餐厅一天发生一起顾客投诉，全国就大概有 2500 ～ 3500 单事件。其中如果有 1% 的投诉，餐厅在第一时间没有处理好或无法处理而转到市场公共事务部接手，每天就可能有 25 ～ 35 起顾客投诉会升级为事件、危机，这还不包括媒体采访、行政部门检查等。如果其中再有 2 ～ 5 单报备总部需要支持或有 1 单有可能成为全国危机时，我们团队投入的时间短则 3 ～ 5 天，大的事件甚至还需要更长的工作周期。

　　因为这么大的体量，因为这么大的基数，所以公司必须打造一个自上而下、自下而上的双向有效的危机管理体系（见图 4-1）。

图 4-1　危机管理体系

首先，在采取所有行动之前，需要一个指引纲领。经过千锤百炼，"危机管理策略"和"危机应对流程"经过 1.0、2.0、3.0……几代版本的更迭，成为许多同行希望得到的"秘籍"。

基于这个政策和流程，餐厅为第一责任人，并给予充分授权。凡是在餐厅层面可以解决的问题，绝不上升层级，绝不拖延解决。

从餐厅到市场分公司，再到总部，一套短流程、高效率的处理机制，力争保证将事件、危机的应对、解决控制在最短时间。

依据指引，市场分公司和总部两个层面都需要分别设立危机小组，包括核心常设成员和机动成员，确保所有成员都有相互 24 小时随时联系的方式，并确保随时可以征用或启用的线上会议间、线下会议室及所有提供保障的设施设备。

总部危机小组的总指挥是 CEO。必要时，不论他人在何处，担当危机协调员的公共事务部成员可以以任何方式与他取得联系。因此，我的手机通讯录里保存着所有核心成员的办公室号码、手机号码和家庭电话，甚至还有公司公务机上的卫星电话。同理，各个市场分公司的总经理是第一负责人，由其决定是当机立断做决策，还是立即上报总部寻求支援。

在这套制度与流程中，有一个高度共识：**专业的人做专业的事**。因此，严格清晰的新闻发言人制度是重要组成部分。除了指定的新闻发言人或临时被授权委任的相关人员外，任何人员，哪怕是部门负责人或职级高的人，也都不可以接受媒体采访或对外发言。放眼周遭发生的各家公司的危机事件，由于接受采访的人或当事人发言不当而引发的各种翻车事故比比皆是。

即使是受过专业媒体采访培训的人，也要严格遵守公司要求，量力而行。当年，市场媒体组人员找我委屈抱怨："就给一两句官方回复，其他都不让说，搞得我们像复读机。明明对方说的不是事实，为什么不让解释清楚？"

这就是一个两难境地。总部当然想给大家授权，让其接受采访，第一时间把事情解释清楚。有错就乖乖认错，没错也正好借此机会澄清误会。

可是过往一次次惨痛的教训让我们不得不认清事实：授权大家接受采访，结果是不仅没有解释清楚，还最终雪上加霜、一地鸡毛。代表公司发言，特别是在危机期间的官方回应，真的不是任何人都能干的活儿。

媒体与企业本就立场不同，视角不同，大家各有职责。对于媒体而言，公众感兴趣、有传播价值的话题当然要重视。所以记者带着一堆问题来采访企业，你回答一个问题，就有第二个问题在等着。你认为解释得很清楚了，但对方却可能延伸解释出不同的理解，甚至是反向的。对于公关人而言，面对每一次危机采访，当然不能预设立场"对方就是来闹事的"，但也不能不自带警惕。最糟糕的情况就是沟通过程中出现信息不对等，解读出来不一样的结果。这就形成了一个恶性循环。媒体认为企业不诚信，企业认为媒体不专业。这种相互不信任的结局就是，公关人越来越怕，想说不敢说，能说不让说。

小肯的摊子太大，每天都在发生着各种故事。而培养一名合格的公关人员，特别是可以处理采访的人员需要花费许多精力和时间。当没有办法确保每个城市的餐厅发生了采访事件都能有专业的人员跟上时，总部能做的就是给出一个官方回复，请市场团队成员照本宣科，这是没有办法的办法，也是保护他们的无奈之举。

从长远而言，当然还是要培养合格的公关专业人才。打牢基础，提升团队全员能力，是危机管理很重要的工作。同时，外界的环境、人、时机等也起着决定性作用。

社会进步，代表着方方面面的进步。身处当下的公关人，就比当年的我们要幸福许多。不断涌现出的形态各异的社交媒体，让人人都有机会做监督人。一切好的、坏的，都被放大在阳光下。这种合法合规前提下的无处不在的监督，看似给企业增加了压力，但实为得民心的事情。因为有理走遍天下。公平正义有了大众作见证。

现在各个领域不断完善的法律法规，顺应时代需求出台的新法新规，不断健全的新闻发言人制度，专业的执法和公务人员，专业敬业的媒体和媒体人，不断提升的个人公民素质……这一切构成了良好的营商环境，无疑给那些认真做事的良心企业赋予了一双御风的翅膀。

不能姑息有问题的企业，更要曝光做坏事的企业，这样才能持续捍卫消费者的合法权益。但同时，也不冤枉、不造谣任何一家认真做人做事的好企业，这才是真正意义上的文明法治社会。

马步一定要扎好

危机面前，人人平等。

每一家企业的危机管理水平，应该都不是与生俱来的。

实践出真知，实战是最佳的检验机会。许多事情，不亲身经历，而且不只一次、两次的考验，恐怕很难感受到那种做决定的压迫感和遭遇挫折的切肤之痛。

但不能坐等危机发生。企业所处行业各有特点，例如快消行业，每天与消费者打交道的日常，就是练兵的机会。扎好马步，打好基本功，在更大的浪来袭前先做好准备。

从顾客投诉这个基本功练起

不能说全部，但许多危机都是由顾客投诉升级而来的。

有人可能嫌弃顾客投诉都是些鸡毛蒜皮、鸡飞狗跳的小事，不登大雅之堂。但在我看来，这最能考验人的情商、智商、法规业务熟悉度、综合研判能力、沟通能力，还有协调行政部门检查问询和媒体采访的能力。

B2C（企业对消费者）公司管理顾客投诉，有的委托第三方专业公司代理，也有的自己做，设置"客服团队"或"客诉处理"专职人员，一般放在营运团队，或者市场部、电商部，也有的归公关团队管理。

不论架构怎么设计，这个职能团队存在的重要性毋庸置疑。第一时间回复顾客疑问；第一时间倾听顾客投诉的内容和需求；表达关注或歉意，并缓和情绪；如有必要，寻求专业部门支持，力争尽快给出双方接受的解决方案。

这里提到的"第一时间"很重要。许多消费者最初找过来，并不是不讲道理，也不是气势汹汹，只是想解决问题。所以在这个"第一时间"里，如果一线员工或客服处理得当，三下五除二就可以把案子圆满解决并关掉。但现实生活中，往往就是在这个黄金沟通期里，因为处理投诉的员工不专业，导致消费者的怒气不断上升，矛盾激化，直至最后升级，消费者到相关部门、专业协会、媒体进行投诉，或者干脆在自媒体上持续曝光。这种情形下，公司公关部、法务部就需要介入，斡旋协调，来来回回做若干轮沟通。几个回合下来，往往最终给到消费者的解决方案远远大于最初消费者提出的诉求。经济成本、时间成本都搭进去了不说，当事人可能从此还和品牌结了怨，舆论上又折腾了一圈，甚至最终企业还因此被处罚……何苦来哉？

处理顾客投诉是门学问，是做危机管理的基本功。讲人话，讲对方听得懂的话。不要答非所问，更不要顾左右而言他。认真、真诚地对待每一起客诉，假以时日，总能积累出真金白银的 Know-how。

将心比心：如果爹妈遇到了这些糟心事。

我处理了无数消费者投诉。很多时候，听完整个事件，我给到团队的第一个反馈往往是：先不要预设立场，也不要义愤填膺；不要认为每个消费者都是来碰瓷、找茬的；设想一下，如果是家里爹妈遇到了这种糟心事，你也会这么想吗？

- 与消费者交换立场，自己代入一下当时那个情境；
- 拿出同理心，与消费者共情；
- 将心比心，自己是否满意这种解决方案。

这些看起来都不是复杂的道理。但真的遇上事儿，处理的人很容易上头，看哪个人都像是来讹诈公司的坏人。

不可否认，有不讲理的消费者，但"恶人"毕竟是少数。大多数消费者花了钱是来买产品、享受服务的，而不是买气来生的。

估计每家企业都有一本厚厚的"常见问题回复（Frequent Questions & Answers，FQA）手册"，要求客服熟读这本"圣经"。不管消费者来问什么，都从里面找答案，再复制、粘贴，然后像车轱辘一般，重复一遍、两遍。想想我们是不是多多少少都有过类似的经历？那种感觉是不是糟糕透了？是不是再好的脾气也会控制不了，想当场发飙？

不要拒绝、排斥或不要怕与消费者当事人直接沟通，不要只想着让律师出面或者让客服滚轱辘一样重复着标准回复。

之前电商组一位同事的职责之一就是对接第三方代理服务商，处理消费者投诉。有一次遇到一个案子，一位女性消费者声称"用了身体乳后，身上出现严重的过敏情况"。前期她与第三方客服的沟通过程非常不愉快，最后她提出了一个很高的赔偿数额，并且要求公司专业人士与其直接对接。否则，她会投诉到媒体和相关部门。

这位同事向我求助。因为化妆品导致过敏这类问题，认定过程非常复杂，所以我需要搞清楚所有细节。但当我问了一堆问题后，他都给不了完整、准确的信息。要不就是他不清楚投诉细节，还要向第三方客服求证；要不就是不清楚相关专业知识，需要咨询产品质量部，甚至是美国总部。最关键的一点，他对消费者的基本情况也知之甚少。

全盘评估了情况后，我告诉他第一要事就是请他本人马上联系消费者，安抚情绪，了解诉求，并且找一位女同事陪同消费者到指定医院就诊做鉴定，然后再决定后续如何办。结果这位同事面露难色，最终坦承他做消费者投诉这么多年，从来都没有直接面对过消费者。

于是我和他模拟演练，预演各种可能发生的情况。这位先生终于勇敢上阵，但几轮沟通下来，结果不理想。我只好请这位同事帮我约消费者见面。为了缓解消费者的抵触情绪，我选了她家附近的咖啡厅见面。看到她的第一眼，直觉告诉我"她不是一个不讲理的人"。我认真地听她讲着发生的事情，做着记录，不打断她。她逐渐放松下来，我可以感受到她的委屈、无助、害怕、无奈、气愤等所有情绪。我尝试站在她的立场帮她做分析，也解释了公司的相关政策和提供的解决方案。最终她接受了我的所有建议，正式结案。

不要居高临下，只会动嘴皮子指挥，命令团队成员"被约谈"和"挨训"。需要视情况亲力亲为。

有些企业是不是一接到行政部门的约谈通知就紧张、害怕？第一时间想到的就是找关系寻求外援。但实际上这个认知是一个误区。

做错事，才会心虚理亏。如果没错，怕什么？退一万步讲，就是错了，那也要知道错在哪里，然后诚恳认错，谦虚听取意见，认真改正就好。如果必须被处罚，也是"吃一堑长一智"的必然经历。和管理层、出问题的业务部门认真反思，总结问题，以后不要再犯同样的错。

其中还有一个关键点，主管部门约谈企业，不代表就要处罚企业。他们的专业水平越来越高，特别是当互联网、电商等新领域出现新问题、新挑战时，会认真听取企业的困惑和难处。一名公关主管在必要时介入，与这些部门当面沟通，才能得到最精准的信息并了解他们的顾虑和考量重点，这样才能对症解决问题。而且在这个沟通过程中，往往会发现双方之间存在诸多误会，而这多半是因为彼此不了解、信息不对称。公关的管理人员尽早介入，就可以在短时间内纠偏改正，提高沟通效率。但这些工作，如果换作是公关团队的执行人员来做，处在他们的位置，因职级不对等，往往见不到关键人员，因此也可能错失了解除误会的机会。如此一来，得不偿失。

过往在与相关部门的多次沟通中，我没有遇到过哪个部门就是要存心和企业过不去，就是要处罚企业的。如果真有戴着有色眼镜的，也是因为对企业不了解而积累的误会。只要把结打开了，问题就能迎刃而解。

所以说，**沟通很重要。能见面谈，就不要打电话。能通话，就不要找人传话、提交公司公函，更不能拿律师函出来彰显公司立场。**这种时候，书面文字是最没有情感，但却能传递不良情绪的东西，不可取。

最开始，讲理、评理不是首要任务。用带着心的耳朵倾听，再清清楚楚地回答问题才是正道。待一切都清楚了，有初步共识了，这时候再提交一份详细的说明报告或整改报告则非常有必要。

辩证看待"顾客就是上帝"

从事服务业的人员估计都是起步于"顾客就是上帝"这个服务意识的训练。前文也是花了相当笔墨分享了如何重视顾客投诉，并妥善处理的做法。

但大千世界不是只有一种答案。具备了前文的基础后，有些案子还是要具体情境具体分析的。

案例 1：

有一次市场报备了一起消费者投诉事件，事由是消费者被餐厅员工打了。

员工在餐厅打顾客？如果是真的，这还得了？到底现场发生了什么情况？我们调现场监控来看：一名消费者因对投诉处理结果不满意，就打了当事员工，之后员工进行了还击。在视频中，发现了事件报告中没有提及的一个细节，就是当事员工先走出柜台，把工帽摘掉后才做了还击动作。

我们找到当事员工了解情况。该员工是一名"90后"，很委屈，说顾客欺人太甚，他爸妈都没有打过他。他也知道不能打人，身为一名餐厅员工更不能打顾客。所以他走出柜台，摘掉工帽，就是不想连累品牌和餐厅。他认为他只是代表他个人实施正当防卫，进行自我保护。

员工打人终究不对，不论之前受到什么委屈。他的这个行为发生在他的工作时间，发生在他的工作地点，他不可能和公司撇清关系。公司处罚了这名员工。但他摘帽子的那个动作却深深触动了我们，年轻员工在处理此类问题时看事情的角度和应对方法，都值得深思。

这起事件需要一分为二来处理。一方面向消费者道歉，解决投诉这件事；但另一方面，也要为被打员工讨个说法。虽说是服务业，但这些员工哪个在家里不是被爹妈宠着的孩子？他们到餐厅是来工作的，不是来被顾客打骂的。

同时，这起事件也启示我们给一线员工培训时，不仅要帮助他们培养服务意识，也要教会他们如何保护好自己。遇到上述事件，肯定不能以暴制暴，但可以通过报警、向主管求助等方式解决问题。

案例2：

这个案子当年曾在互联网上引起轩然大波。

两名男子在餐厅因为不满排队，殴打两名女性顾客。有人上传了一段现场视频，结果一些网友竟然没有指责这两名打人的男子，却谴责餐厅员工没有见义勇为，没有为两位被打女子提供及时帮助。

我们调看了现场监控，又一一询问当事员工。在整个事件中，餐厅有提供协助，有报警，但也的确有个别员工当场被吓住了，没有在第一时间施以援手。

我们在日常培训中，一直告诉员工当餐厅发生任何紧急事件时，必须在保证自身安全的前提下采取必要行动。我们赞赏、鼓励员工见义勇为，但没有立场强迫他们见义勇为。对于事发当时员工因顾及自身安全而做出的判断和选择，公司无权责难他们，更不能处罚他们。

当时网上给的舆论压力很大，但公司管理层没有因此就舍弃员工。公司安抚了受惊吓的当班餐厅员工，积极配合警方的相关工作，并对外发布了一个详细的事件说明。

公司的这种做法，得到了大部分公众的理解和认同。

案例3：

我们周遭有一个特殊的顾客群体，正是职业打假人。

他们不是普通的消费者。他们熟悉相关法律法规，他们看得懂企业的各种宣传促销路数，所以才能让那些有意铤而走险、违法违规的无良企业无路可逃。他们帮助普通消费者捍卫了正当权益。从这点而言，要感谢他们，他们是英雄。

但我们身边也有一些特殊的职业打假人。他们钻法律的空子，以打假为名义，实为恶意索赔，并以此作为营生手段，歪曲了"职业打假"的意义。

有一天，我们接到相关部门的约谈通知。他们接到消费者举报。有一款运动上衣，在官网旗舰店上的成分说明与其实物标签不符。经核查，发现是后台抓取信息有误，而后期工作人员又没有检查出来。事件进展到此，本没有什么悬念。企业有错，唯有立即改正。但后续却发生了反转。

我们在了解整个事件的过程中，一方面审视自身有哪些问题，另一方面也关注了消费者的相关信息。结果发现这名举报人先是在网上购买了一件该款上衣，收货后即申请退货退款，但没有任何投诉。当退货完成后，竟然又一次性购买了 20 件，然后就向相关部门举报，声称我们的产品做"虚假广告"，主张全部货款的三倍赔偿。这里还有一个细节。两次购买过程中，消费者使用了不同的名字，但手机号码却是同一个。

我们将了解到的所有情况向相关部门做了详细说明，他们又专门来公司做调研，调阅了大量后台数据和相关文件。经综合研判，做出了结论：第一，企业有错在先，所以对企业做了处罚；第二，举报人在第一次购买行为后，就理应发现了标注错误，但没有举报和发起索赔，之后的行为，有故意动机，因此不支持举报人关于 20 件货品的三倍赔偿诉求。

这个案子充分体现了相关部门的专业和温情。我们虽然被罚，但心服口服。

危机敏感度训练

之前有提到过，我曾经给团队开过一门"商业敏感度"的课程，聚焦公共关系领域，旨在训练提升公关人应该具备的敏感度，帮助公关人养成"文字洁癖"的习惯。

- 公众感受敏感度
- 新闻及热点敏感度
- 广告宣传敏感度
- 语言敏感度，包括语境合拍、用词准确、拿捏得当等
- 业务风险敏感度

之所以开设这个课程，是因为具备敏感度于公关人而言太重要了。这就犹如在公关人身上装了一个小雷达，24 小时都处于自动运转中。当事人无须刻意，也不必神经时刻紧绷着。这个小雷达就好比身体的一部分，一旦有任何敏感的因子触发了它，就会立即报警，进入工作状态。

以第一个敏感度为例。**只要事关"爱国正义、公序良俗、伦理纲常、是非曲直"，都不要心怀侥幸，否则企业只会玩火自焚。**

在这件事情上，不仅公关人要有这个敏感度，还要帮助

业务部门的同事们和合作伙伴们都牢记在心。

记得刚加入 L 公司不久，我在花了许多时间熟悉各项业务之后，就做了一份风险清单，按轻重缓急，和相关部门一起，一一着手找出解决方案。其中排在最前面的一项工作就是把所有对外的宣传品，包括官网、小程序等上面凡是涉及地图、地名标注等的相关内容，都做了一轮筛查和修正。因为是跨国公司，还有国际总部官网等平台，这牵涉的问题如何调整，我遇到了很大阻碍。好在老板力挺，我们在总部也找到了关键人的支持，最终才完成了我们预定的"排雷"目标。

实际上之前就有一家著名酒店集团因为涉及国家主权、领土完整的问题被媒体曝光，随后一连串跨国企业或国际品牌也被曝光，这在国内引发了极大关注。网友声讨，官媒谴责，然后涉事企业一一道歉。

如果不是故意无视或无为，那我可以理解这些企业大中华区公关们遇到的困难。因为和该话题相关的工作，往往由国际总部做主，他们非常强势，而本土公关的话语权有限。但正如当时我们和总部据理力争时所讲：既然在中国开店做生意，就必须尊重中国市场，尊重中国消费者。必须要有敬畏之心，绝对不要，也不能在这种事情上玩火挑衅。

解决办法总是多过问题。公关人要想清楚自己工作的主

次和重要性。清楚知道红线在哪里，设定清楚目标，把不能输的"仗"怎样打赢了才是关键。

学法傍身是必修课

在 Y 公司做公共事务工作，一定要懂法，而且还必须能够说出个一二三。

你肯定会问，那不是还有法务部吗？没错，但大家扮演的角色不同。

《中华人民共和国广告法》《中华人民共和国产品质量法》《中华人民共和国反垄断法》《中华人民共和国消费者权益保护法》《中华人民共和国食品安全法》等，凡是与公司业务、消费者权益密切相关的法律法规，我们都必须认真学习。懂法、不懂法，这在日常拜访、沟通中，特别是危机发生期间，与外界各部门、媒体做沟通时，准备声明和各种资料时，都会出现不同的结果。

错，知道错在哪里，如何解决；没错，知道为什么，怎么去争取保护企业的权益。还有平时知道提醒业务部门都需要注意些什么……这些都是一名公关人的基本功。否则就只能做一个传话筒，早晚会被取代。

"危机演习"常态化

对于一家企业而言，危机管理是一项系统工程。企业越大，越是复杂。在这套体系中，居安思危，常态化演习是一个重要环节。没有平时的训练和积累，一旦紧急情况发生，公司就会陷入一片混乱。

在 Y 公司，除了日常针对营运团队的各种顾客投诉、紧急事件应对的培训之外，还有两个重要培训：

- 针对全国各市场总经理和各职能部门负责人的媒体采访培训
- 针对全国公共事务团队的突发事件应对及媒体采访培训

这两个培训，早期都是邀请外部著名的公关公司来执行的。费用高不说，理论部分也都大同小异。关键问题在于实践操作部分。如果使用对方的案例，有帮助，但意义不大，而且还常年换汤不换药。

受制于人，不如先发制人。后来我带着团队自行研发了一套媒体采访培训的课件，除了少数基础理论外，很大一部分内容都是现场实践。我们先根据过往发生的经典案例编写教案，再请来媒体记者老师就设计好的危机场景，对学员展开一轮轮碾压式采访，真实还原现实生活中可能发生的各种突发采访情境。

每个参加培训的个人或团队，都分别被关在独立的房间里。而讲师和观察员则在另外一个会议室里，通过摄像头了解各个成员的应对表现。最后大家集中在一起，共同观摩每个人的采访录像，然后由讲师和媒体老师进行现场点评。

可以想象一下那个场面。没有面子自尊，只有专业与否。演习现场受挫被拷问，总好过真实情境下的犯错和后悔。

用参加过演习培训的人员的话说："这是地狱式的培训，但也是正视自己、脱胎换骨、迅速成长的培训。"

与时俱进，不断更新课件，并将演习常态化，这是确保团队保持"能打仗、会打仗"状态的一个重要手段。

风险管理要前置

如本章开篇所言，危机管理的最高境界就是世界太平，在危机可能发生前，将其消灭在萌芽阶段。如何做到这一点，就是下文要聊的风险管理前置。

直面眼前的大山

公司决策层的态度和对风险管理的设计机制是关键。**建立有效的公司管理制度和体系，尽量避免每个部门只顾眼前的一亩三分地，在大局上推动促进各部门之间的合作与互补。**

具体而言，可以通过一些管理方法来实现各部门的通力合作。在此之前需要传递和达成以下共识：

- 公司好，大家才能都好。
- 是祸躲不过，不如早面对。掌握主动，被动挨打。
- 专业的人做专业的事。

Y 公司在一次次危机洗礼中不断学习和成长，充分意识到风险管控的重要性，先后成立了两个重要的委员会。这里先分享"风险评估委员会"（Risk Assessment Committee）。成员组成不是各个职能部门的主管，也不以级别论英雄，而是由食品安全办公室牵头，邀请品牌团队、品管部、公共事务部、法务部最有发言权的专业人员作为常设委员。每个月一次会议，集体评估与产品、原料、供应商……相关的风险议题，并罗列出一张"排雷"清单，按照轻重缓急，逐一找出应对方法，并制订行动方案和时间表，然后在重要时间节点回顾、审核进展情况，确保大家信息、行动同步。委员会要求常设委员必须保证出席时间。

做风险评估时，需要遵循几个步骤，不能胡子眉毛一把抓。

第一步，结合行业特点、企业特点，把涉及自身有潜在风险的事项罗列出来，在大框架上先做到心中有数。

结合我做过的不同企业、行业类型，这里综合举例，如表 4-1 所示。

表 4-1　不同企业、行业类型的潜在风险事项

餐饮企业潜在风险事项	餐饮行业潜在风险事项	服饰、化妆品企业潜在风险事项	企业共性话题
分析品牌自带挑战，例如三高问题 与核心产品相关的挑战，如烹饪油、牛肉、鸡肉、猪肉、海鲜等 ……	食品安全 食品异物 添加剂 包装材料 厨余垃圾 动物福利 虫疫鼠害消杀 卫生规范 营运标准落实执行 ……	产品安全 产品质量 过敏 添加剂 产品标签 包装标示 ……	广告及宣传品 电商业务 顾客人身安全和财产安全 开店和关店 劳动用工和薪资福利 供应商、合作伙伴 同行、同业危机 ……

第二步，将罗列事项进行分类，找到责任主体方。例如，与营运管理相关的，就交给品牌营运团队来思考应对；与企划部有关联的，就由他们负责；而与食品和产品安全、食品和产品质量，特别是与添加剂、特殊物质等议题相关的，则是"风险评估委员会"重点关注的内容。

第三步，除了以上划分之外，相应部门需要有人研究与行业、企业相关的各项法律法规，特别是即将出台或刚出台的新法新规，以及老法新版的变化内容，并及时给出预警。如果企业或其供应商不能及时做出调整或变更，将面临各种风险，并有可能造成巨大损失。

第四步，需要有专业的人随时关注国际上同行业的各种风险研究以及国外同类企业或母公司的各种动态，特别是刚刚发

生的各种危机，尽早做好应对和预案。这样一旦牵涉国内业务，第一时间启动响应机制，变被动为主动。

因为有了那些年的历练，经手的案子不计其数，我一个文科生竟然也能脱口而出一堆化学名词。当然，知道这些名词不是重点，重要的是这些字眼背后需要学习的专业知识和幕后许许多多同事付出的努力。

练就"火眼金睛"自我找茬

估计快消品公司都经历过自家产品和推广促销活动的广告、宣传品，因为各种问题被相关部门约谈，甚至处罚吧？

企划人的 DNA 可能就流淌着一种做广告的能力，无所不用其极地展示、描述产品的好，激发消费者的购买欲望。透过他们推出的宣传品和广告，消费者从字里行间、每帧画面里都能感受到强大的购买吸引力。

所以这才是为什么还有法务部、公关部需要和他们一起工作，进行风险把控。这就是各司其职。

早期，企划部做的所有宣传品，包括各种电视广告，只需要经法务部把关即可。但后来发生的几起危机事件，让公司意识到法务部只能把关合规合法，但还有许多内容并不在法律法规约束的范围内，例如公序良俗、公众感受等。也就是说，活动规则、宣传创意、设计画面、遣词造句等并不违法违规，但可能就是会让人看了不舒服，甚至引发争议。而公共事务团队因其所具备的敏感度和长年与外界部门、媒体打交道的经验，具备了相关 Know-how 来进行把关。因此，在 Y 公司成立的第二个有关风险把控的委员会是之前提到的"宣传品审核委员会"，由企划团队、法务部及公共事务部的核心成员组成，负责对品牌的所有宣传品进行审核，且每个部门都有一票否决权。

紧急项目的审批可以通过邮件完成，但大部分项目都需要放在审核委员会的会议上进行集中讨论和决议。由于所有成员都在现场，因此任何一方如有异议，即可当即讨论出一个调整方案，免去了邮件上的来来回回，大大提高了审批效率。

大家可能难以想象，每一次会议上，委员会成员需要审核多少海报、餐盘垫纸、电视广告、网站广告、宣传单页，还有产品包装和形形色色的活动规则……不过也正是因为这种工作量和工作效率，我在很短时间内就训练出一目十行、一眼找错的本领。

时至今日，无论逛街、吃饭，凡是目及范围内可以看到的一切宣传品，我都会下意识地扫描一遍，"嗯，这个表述不准确，那句话不妥，这个游戏规则有潜在问题"……

分享两个案例，感受一下委员会的较真到了何种地步。

案例 1：半鸡半虾 vs 伴鸡伴虾

小肯在国内的产品研发团队很厉害，许多大家耳熟能详的明星产品都出自他们之手。

一次审核会上，企划部呈报了研发团队最新研制的一款含有鸡肉、虾肉的汉堡产品，上会的主要目的是讨论新产品的名字"半鸡半虾堡"。

一般情况下，给新产品起名字这种事不需要上会，但由于"新产品审核委员会"上有人提出"半鸡半虾堡"这个名字可能引发歧义。万一有消费者称重鸡肉和虾肉，重量不是一半对一半，是不是可以投诉或举报"虚假广告"？

这个产品名字虽说直白，但一目了然，方便记忆。这也正是企划部不愿意放弃这个名字的原因。可是包括我在内的所有企划宣传品审核的成员们都认同这个名字存在潜在风险，所以没有人签字放行。

后来企划部邀请我作为代表，参加"新产品审核委员会"，陈述相关情况，并提交新的建议。在我走进大会议室之前，我们并没有想到一个可以完美取代"半鸡半虾"的名字。有"有鸡有虾""鸡虾欢聚""鸡虾联欢""鸡虾联盟"等不少点子，但都不满意。因为这个名字既要直白传递该款汉堡的主要成分，还要延续"半鸡半虾"这个名字的精髓，又不能让人抓到小辫子，实在有些难。但就当轮到我发言的瞬间，我的脑海里灵光一闪："怎么忘了'伴'字？既有'半'的谐音，可以让人联想，又有

157

鸡虾做伴的意思，更加好玩。"毫无悬念，这版突发奇想的新产品名字就这样得到了全票通过。

案例2：八分堡和八分努力

不知从哪天起，轻食概念兴起。产品研发团队为此研发了一款较小的汉堡，企划部给这款新品起了一个很应景的名字"八分堡"。一方面鼓励消费者适量进食，同时也照顾到小胃消费者；另一方面也应了"八分饱"的谐音。

这是一次很棒的创意，从产品前期立意，到后期制订宣传文案和推广活动规则都进行得很顺利。但到最后时刻，企划把电视广告的创意文案报给委员会审批时，卡壳了。

电视广告包括四个场景："吃饭八分就好""交友八分就好""工作八分就好""学习八分就好"。乍一看，没啥问题。送来的广告小样，拍摄风格清新，还请到了韩国当红明星。但我当时看完后，就是觉得哪里不对，于是连续看了几遍后，恍然明白问题出在哪里了。

吃饭吃到八分饱就好，这没毛病；朋友不在多，交到知心好友就好，这也没毛病。

但另外两支广告片都在传递一个讯息：不论工作，还是学习，都别为难自己，付出八分努力就好。这种工作、学习的态度，如果是个人选择，我们无权干涉。但这是一家有影响力的品牌在做电视广告，有涉嫌传播一种"只需要八分努力"的主流价值观，就有些不妥。

工作、生活中，虽说凡事我们不能掌控最终结果，但做任何事情必须态度端正，全力以赴。只要付出努力了，哪怕最终只得到了八分的结果，不尽如人意，也不会遗憾。但原来的广告创意却把因果搞反了。如此一来，性质也就完全不一样了。这不是上纲上线，也不是大惊小怪。因为是小肯，给到我们在宣传上的容错率是零。

由于关系到明星拍摄，本来给到企划部的时间就很紧张。这突然又生出来需要修改广告脚本的"飞来横祸"，他们的压力可想而知。但没得选，必须改。

2006 年发生的"鼓励篇"电视广告片事件（详见后续案例分享）的经历仿佛昨日种种，历历在目。我们不可能让品牌再涉类似的险，摔同样的跤。

实践证明，公司内部设计一个机制进行自我纠错、纠偏，是一个很有效的风险把控方式。虽说过程是痛苦的，对当事各方的要求都非常高，但这肯定是一个帮助团队快速进步和成长的有效途径。

危机真的来了

做危机管理的那些年，总是如履薄冰，生怕因为一个判断失误、声明中一个用字不精准、接受采访中说了一句不妥当的话……制造新的错误，乱上添乱，给公司和品牌造成二次伤害。

但既然选择了做这一行，前怕狼后怕虎只能一事无成。有时间在那里自己吓唬自己，不如好好提升自己。演练、实践、反思，演练、实践、反思……不厌其烦，认真揣摩总结，敢于自己为难自己。终极目标就是总结经验和教训，不断提高决策质量和应对水平。

是人都会出错。不论是谁的错，都不要把时间浪费在后悔或相互指责上，更不能幸灾乐祸。

不找任何借口，直视错误，把它扒开了、揉碎了，实实在在搞明白问题出在哪里，解决办法都有哪些，然后就把它清清楚楚地刻在脑子里，告诫自己没有下一次。

重视危机，但不能天天喊"狼"来了，否则只会给团队增加思想压力。张弛有度是关键。但如果有一天，"狼"真的来了，那检验平时训练演习效果的时候就到了，必须全力以赴。

这本书不是培训教材，所以不会照着危机管理的流程走一遍。这里想重点谈谈危机应对中必须具备的几个核心意识。手段、方法都不是重点，唯有方向正确、思路清楚，不以眼前利益、个人利益论生死，时刻牢记要维护公众和消费者的权益，才有可能冲破黑暗，拥抱光明。

拍板不是拍脑袋

从危机发生的那一刻开始，都是用秒计时。慌不得，乱不得。将帅稳，军心定。

平时演习到位，事发时所有成员才能迅速就位，各司其职。其中，公关扮演着非常重要的角色：

- 第一时间报警，启动危机小组，迅速确认、通知会议时间；
- 提供最原始的报道原文、原视频，认真研读或观看；
- 全面监测舆情走向，随时提供有效数据；
- 向当事部门，包括供应商和合作伙伴，了解事件原因，通知各相关部门准备相关资料；
- 通知一线部门做好政府检查、媒体采访、消费者问询的各项准备；
- 视事态严重程度、紧急情况及影响大小，向主管部门、指导部门报备，并征求指导意见。

以上这些工作可能需要在一小时，甚至半小时内完成。这样在随后召开的危机小组会上，才能通报最有价值的信息，供管理层分析做决策。

所以说，从一个危机发生，到给出解释和解决方案，这个做决定的过程绝对不是大脑一热或凭直觉、意气用事。尤其涉及规模较大的企业，其中需要确认的环节和关联的人更多。没有快速高效的体系，没有准确完整的信息，没有良好的决策习惯，任何想当然做出的决定都可能是一个新危机的开始。

"唯快不破"有前提

市面上各种各样的危机管理培训，几乎都会教一招所谓的"必杀技"：要快！快速反应、快速应对、快速结案。

快，没有错。但有一个前提：快而不乱，而且不能为了快而快。在事情没有搞清楚之前，各方态度和立场没有确认之前，只图快，结果老问题还没解决，可能又闹出新问题。这一定会产生反噬，让危机局势更加复杂，时间阵线也会拉得更长。

每年的3·15，通过被曝光企业的应对，看得出大家都深谙"黄金时间发声"的定律。显而易见，有些企业找公关公司提前准备好几个版本的声明。一旦有问题被曝光，立即将手中的某版备用声明进行略微修改后先发布出来，至少可以落个"认错态度及时"的名声。这种声明，都是标准格式的几句话，对报道中提到的实际问题一般不会做出回应。因为在那么短的时间内，几乎不可能调查清楚到底发生了什么。

如前文所讲，一则批评报道出来，需要搞明白的事情有很多，所以一定要预留出一定的考证时间。这个核实过程会考验当事企业的两个基本功：

考证出处的能力。找出源头、原始文章和原始视频，而

且必须亲眼看到完整报道或相关内容。

一个危机发生了，身为公关人一定要在第一时间掌握最原始的信息，筛选分辨真或假，搞清楚这是事件全貌还是部分情况。唯有这样，才能清楚判断报道方的立场和事态的严重性，才能给到危机小组成员准确全面的信息。在这个过程中，绝对不能道听途说，更不能听到风吹草动就把大家搞得人仰马翻。

各个部门通力合作、默契配合的能力。

根据公关部提供的完整信息和舆情，需要把报道的相关问题进行剖解，并快速分配给相应部门分头进行核实和反馈。这就需要平时做好充分演习和训练。

这些工作完成，才能保证公司高层做决策的质量，并且让给出去的声明准确和言之有物。一支训练有素的团队，可以将这全套流程压缩在越来越短的时间里高效完成。这种"快"，才是真正有意义的"快"。

转移"火力"和装聋作哑真的好吗

几年前有一部剧《匹诺曹》。如果看了这部电视剧，你对下文的理解会更有画面感。

剧里非常生动、活灵活现地展示了危机发生时各方的态度和应对。其中最令人印象深刻的就是危机发生的一方，会想方设法：

- 模糊事件焦点，转移重心至不相干的人或把不重要的事变为重要的事；

- 在别处制造新的爆点，"完美"转移媒体和公众的注意力；

- 源源不断发布正面新闻，稀释冲淡原来的批评声音。

另外还有一种应对情况。危机发生了，当事企业采用"沉默是金"的做法。不管外界讨论得如何热闹，当事人就是闷声不应答，等着把热度耗凉了。不是有个说法吗，"话题再热，热不过七天。摒牢$^\ominus$、摒牢，总会结束的"。

曾经听过一堂危机管理的课，授课老师就力挺上面的做法。我不能简单一刀切地否定他的观点。在我看来，这些做法本身也没有对与错。问题的关键在于成功转移了火力和话题或者摒牢熬过去之后，就一切万事大吉，开心庆祝；还是痛定思痛，正视问题，认真改正，杜绝此类问题的再次发生？当事企业一旦发现这种所谓的"好"方法"真有用"时，又有谁会重视危机背后的实质问题？谁又会花费时间尽心尽力找出解决方案，并做好改善、提升的工作？

病灶不清除，如果日后变成毒瘤，对企业的创伤就不是一篇两篇批评报道这么简单了。

况且人们是有记忆的，互联网也是有记忆的。时隔多年

$\ominus$　上海话，意思是"忍住、不响"。

之后，一些陈年旧事再被翻出来，再次引发关注，甚至对企业造成更大的负面影响，这种事情不是没有发生过。所以对于一家长青企业而言，对待危机，什么样的态度才是负责的态度，答案应该很清楚。

练就福尔摩斯破案的本领

苏总要求危机小组的每一名成员都要练就一身福尔摩斯破案的本领。首先，他自己就为所有人打了样儿。

每次需要汇报到他那里的危机，他不会对呈报上去的事件报告写什么就看什么，也不会听完你的结论就说同意、不同意。他会事无巨细地问出一堆问题，了解每个环节到底都发生了什么。特别是那些在我们看来越无足轻重的事情上，他问得越详细。

以前我们也就是看看餐厅或市场报上来的事件报告，然后就做判断，给意见，指导市场人员去处理，有必要再准备相关声明、说明或其他资料。但这套做法到了苏总那里，我们会被挑战得很难看。他问的许多问题，尽管事件报告单里都没有提供细节，但我们要面子，不仅不愿坦承不知道，还死撑到底，自行脑补进行回答。我们这些自以为是的小聪明，怎么可能瞒过苏总？结果他没有发脾气，而是语重心长地说："这些问题从一开始就不清不楚、稀里糊涂，请问如何做决定？那给出来的解决方案又怎么让各方满意？"

团队里有人会抱怨了解这些细节纯粹是浪费时间。整个事件的脉络已经很清楚了，团队成员也都已经"恪尽职守"做了该做的前期调查。危机当下，找到大老板就是希望他赶快拍板做决定。但每次事实都证明我们错了。苏总问的那些被我们忽略的"细枝末节"，往往是事件的关键点。因为人性使然。从危机发生的那个时间起，无论当事员工、消费者，还是公共事务部的人员、市场主管，每个人都有自己的立场和顾虑，谁都有可能做错或处理不妥当的地方。但事件报告单里却极有可能把这部分内容隐掉或者把责任推给另一方。所以处理危机的人，是否有能耐了解到所有真相，决定了公司对外声明中的用词和立场，还有解决方案到位与否。

有了这么几次历练，我再也不敢心存侥幸。每次都会把苏总问的那些问题一遍遍回炉和推演，想清楚这之间的逻辑和关联。为什么要关注这些点？怎么把这些点从一大堆信息中拎出来？怎么快速区分有效信息和无效信息？怎么从一些蛛丝马迹中搞清楚关键事实？下次再有事情发生，怎么可以一针见血发现重要线索？

就是这样一次次训练自己，一步步提升抽丝剥茧、去伪存真的本领。当再拿到一份事件报告单或听当事成员叙述事发过程时，就可以快速识别出逻辑不通的环节或者遗漏的内容，然后头脑会越来越清楚，速度会越来越快，给出处理意见的态度也会越来越坚定。

为了能够快速破案，公司给公共事务部特别授权。危机发生时，可以跨职级沟通，不需要顾虑任何老板，不需要任何人传话，直接对话当事员工，在最短时间里力争掌握第一手信息。

一家几十万人的公司，在危机发生时，很少因为人多、传达不到位、没有找到当事人、不清楚事发时到底发生了什么等此类原因而出现错误判断，并延误战机。可以做到这一点，非常了不起。

危机流程不是死的

相信每家公司都有自己的危机管理政策和流程。任何紧急事件、危机一旦发生，相关部门按照这个指引行事，公司上上下下才不会乱。

但在危机管理上，流程只是一个参照物，千万不能死板教条，不能照搬，要懂得应势变通。

和人打交道的事情，本就复杂，更不要说处于危机漩涡中的当事人和社会各方。平时通情达理的，那个时间点不讲道理了；平时客观冷静的，那个时间点一碰就着火；平时善解人意的，那个时间点看谁都是坏人；平时虚怀若谷的，那个时间点啥都听不进去；平时对你宽宏大量的，那个时间点带头反戈声讨；平时嘘寒问暖的，那个时间点翻脸如同翻书……总之你说啥啥不对，你做啥啥都错。

这也正是应对危机过程中最难的地方。

167

与人心有关的事情，不是 1+1 的数学算式，不能死搬流程，更不能搞一刀切。

法、理、情与情、理、法

通常而言，想必大家都按照法、理、情这个顺序来做决策。

但在现实中，**每次危机发生，我们需要灵魂拷问自己，本案适用法、理、情，还是情、理、法？**

早些年，一位以"劳务派遣"方式在公司工作了十余年的员工因违反操作纪律被辞退。与他签订劳动关系的企业并不是公司，但这位员工却把市场分公司告上了法庭。

这件事在当时闹得蛮大的。从法律层面而言，公司没有错，最后也赢了官司。但事后，苏总召集相关部门开会反思总结，他就问了大家上面那个问题。他对此案的评价是："我们虽然赢了案子，但我们输了人心。"

后来公司与当事员工和解，也因为这个事件，停止了"劳务派遣"的用工方式。对此，外界评价公司"正视社会进步，勇于改变自己是值得钦佩的"。

学习拥抱批评报道

这个话题需要从不同立场来解读。

企业公关与媒体，对待危机报道的反应是对立的。站在

各自的立场上都没有错，但放在一起可能就水火不容。

什么样的新闻最吸引读者？估计许多人的答案都是负面新闻。而且越是有名的人，越是有名的企业，与他们相关的负面新闻就越是有吸引力。

从严格意义上来讲，"负面新闻"这个词是站在当事人的角度来看的。对于报道的媒体而言，"批评报道"一词可能更加精准。

因为如此，越是知名度高的企业，越是害怕出负面新闻。许多企业管理层对公关团队制定的重要 KPI 之一就是不能有或一个周期内不能有超过多少数量的负面报道。这个决策不仅忽略了媒体的监督属性，也忘记了自己的角色。同时，也给公关部施加了后续可能引发一系列动作变形的压力。

一家企业在基业长青的运营过程中，不可能一帆风顺，也不可能不出现失误。那出现了错误，还不允许媒体报道，这媒体是企业自家办的，还是公关部是媒体的主管部门，可以发号施令？显然都不是，那公关凭什么不让媒体行使相关监督报道的责任？

双方各自都有立场，所以各归其位、各司其职才是正路。企业错了就要正视错误，虚心诚恳认错，并给出真诚有效的解决方案；媒体行使监督职责，实事求是报道，不夸大，不歪曲，不制造"耸人听闻"的新闻。

面对批评报道，公关人要担当的角色是"疏导""引流"，而不是"堵"。否则淤积到一定时候，这些批评的声音就会决堤，如堰塞湖一般倾泻而下，对品牌造成更大、更加不可逆的伤害。

声明不是八股文，更不是自说自话

写声明，是每个做危机管理的公关人都必须过的一个坎儿。

这个坎儿，没有实习的机会。只要上，就是真枪实弹。好与不好，立马见分晓。

当然，市面上有教授"绝招"的，堪比八股文。

- 首先表明态度，重视该事件。
- 再放低身段，认错道歉。
- 重申立场：一贯重视产品安全、质量管理……
- 把犯错方缩小目标至个人、单店，做好切割。
- 对当事人立即停职，对涉事店铺暂停营业，并即刻启动内部调查。
- 积极配合主管部门检查，欢迎各方监督。
- 最后再立誓，表决心。
- 总之一句话，速度是关键。

不少企业照着这个套路也都尝到了甜头。一次、两次险中过，那只能算是运气好。但每每如此，老百姓怎会看不出门道？

前段时间，有企业出了事情，贴出来的声明除了让人看到八股文的痕迹，就是撇清责任，甚至还有吓唬消费者的意味。于是网友纷纷主动请缨，替企业写声明，甚至还有人干脆找 AI 写了一篇。结果无论哪篇，都比企业官方正版写得好。

当任何一个老百姓、机器人都能替企业写声明的时候，甚至还写得更到位的时候，这对公关人是羞辱，对企业是灾难。

那声明应该怎么写？

还原事实，直击解决方案

当事企业请扪心自问：一个危机发生了，公众最想知道什么？

如果与其生活息息相关，当然首先要解决的问题就是，对他的生活有无影响？有多少影响？如何把影响降到最低？其次，怎么解决这个问题？之后会有哪些做法，让此类问题不再发生，让大家没有后顾之忧？

声明里的文字都是有生命力的。是真心认错，还是格式认错？写出这些文字的人，是模板应付，还是用心发声？公众都可以感受得到。

当然，在这个过程中，吃瓜看热闹，唯恐事情闹得不够大的闲人总是有，但他们不是你要关注的人群。不要被噪音干扰，搞错了问题重点。

正视现实，不要自说自话

有一些事件危机，可能当事企业并不是有心为之，而是敏感度不够，没有意识到问题的严重性。例如，一款衣服设计，可能设计师并无此意，但面世的成品让公众不适，大家看到的第一眼就会产生不好的联想，这个时候企业如果还要在声明里唠唠叨叨解释一堆创作初衷，不正视大家关注的问题，只会遭到消费者嫌弃，甚至抵制。

错与不错，有时与初衷没有关系。问题的关键在于最终呈现出来的结果。这种情况下，承认错误，给出解决方案最重要。如果以后有机会，时机也合适，可以再做一些解释工作。但危机当下，啰嗦没有用。

精准！再精准！

声明中的每一个字都有千钧之重。落笔严谨、用词精准是基本要求。写声明的人对自己要"狠"一点，对当事人要友善一些，对读者要负责任一些。唯有如此，这份声明才能经得住考验。

2010 年那会儿，"秒杀"还是个新鲜促销方法。小肯属于动作快的，推出了一个秒杀活动，计划在一个周二的 10 点、14 点和 16 点分别放出一款产品的超值电子优惠券 100 份。其中第三轮涉及的全家桶凭券立减 32 元的优惠幅度史无前例。那天上午 10 点，第一轮秒杀活动如期举行。但就在第二轮活动开始之前，市面上却出现了第二轮、第三轮活动才会发放的"优惠券"。当天下午 1：50，就在第二轮秒杀活动开始前，品牌团队临时叫停了后两轮活动，并发布声明，引起社会的广泛关注。

大家也许会好奇，每轮只有 100 张优惠券，即使后两轮的"优惠券"被提前泄漏，公司也应该玩得起。但问题就出在设计该活动的部门竟然在优惠券的使用说明中写有"复印有效"的字样。在这种完全无法预估市面上会出现多少复印券的巨大隐患下，唯有提前按下暂停键。那么关于第二轮、第三轮活动开始前就泄露出来的这些所谓的"优惠券"，如果你来写声明，会用什么字眼形容它们？

当时第一份声明中，我使用了"假券"一词，审核的人员也未发现不妥，但对外发布后引来媒体和消费者的质疑。后来第二份声明中，经广泛咨询了内外各方意见后，将其改为"无效券"，才缓解了局面。两字之差，性质完全不同。这对我是很大的警醒。当面对一个新生事物或不熟悉的领域时，既不能失了探索创新的勇气，又要谨慎和多方求证。这个时候，必须小心再小心，谨慎再谨慎。

不能做烂好人

危机发生的时候，如果一家企业还能体现出温情，拿出有温度的声明，那是大家风范。但这不等同于替人担保，做烂好人。

伤人一千，自损八百，肯定不是什么好战略。在发生危机时，最考验人性。有的企业往往第一时间想的都是怎么推卸责任——推给某个员工，推给供应商，推给合作伙伴，或者全是顾客的错。能够正视问题，是非常不容易的一件事。

但凡事都有两面性。已经是焦头烂额之际，需要先自保。否则你也没有能力保护其他人。正如航班起飞前，都会花一些时间告知各项安全注意事项。其中一项关于戴氧气面罩的内容，要求带孩子的大人要先给自己戴好，再给孩子戴。这是一样的道理。

另外在危机处理中，如果把企业内部的问题都搞明白了，可以在声明中为自己担保，但不能替其他任何外人担保，特别是你的供应商。

哪怕有严格的供应商管理制度，有严格的飞行检查制度，哪怕这家供应商多么有名气，企业都不能替他们做担保。因为他们的企业不是你在做，你不是当事主体。你也永远不知道他们内部到底发生了什么。

我们不能做墙倒众人推的事，更不能做落井下石的事，但也不能替其他企业做担保。我们可以做的，就是把自己的分内事先做好。

不能说谎，但不代表有问必答

枪打出头鸟。许多事情，发生在其他家，可能水花儿都没有。但是一牵涉到小肯，就能搞个满城风雨。因为有这个觉悟，每次遇到事儿，我们没时间去委屈抱怨，满脑门心思想的都是如何解决问题。

但有一个发现。其他企业出了事情，但凡能扯上小肯，媒体也必然会找过来，发一堆采访问题。如果认真回答了，第二天就能从配角变主角。所以在这种情形下，就要有所为，有所不为。在一片混乱下，没有必要被乱箭所伤。

有一年，一家同行企业被曝光食品中含有橡胶成分，而且这个食物受到许多小朋友的喜爱。可以想象一下，这个新闻曝出来，多么骇人听闻。而实际上，这种成分既用于橡胶、橡皮泥等，同时又是一种食品添加剂，只要剂量达标，国家是允许在食品生产中使用的。

从消费者的角度，可能很难理解，为什么一种东西既可以用在工业上，又能吃到肚子里？所以需要专业的人做好科普和宣导。当时报道这件事的媒体记者，可能功课没有做到位，只知其一不知其二，结果"闹乌龙"写出来的报道对当事企业和行业的杀伤力都很大。

由于这个食品添加剂很普及，许多餐饮、食品企业都有使用，所以波及范围很广。当时我们也接到了采访。看问题提纲，怎么回答都不妥。如果说没用，暗指产品中含有这个成分就是犯了天大的错；但如果解释这个成分的合法合规，估计最终出来的报道大标题就成了"×××承认产品里含有×××"。经过综合评估，我们婉拒了采访。当时那种情形，给事态先降温是首要任务。等各方都冷静、事态平静下来，再做好科普也不迟。

曾经读到一篇文章，里面提到："真实的标准很简单。可以不说全部真话，但不能说假话。"这真是说到我心坎儿里了，大家不谋而合。

有用的技巧

正大光明地主动告知，不失为一种好办法。

一般情况下，企业做的决策凡是关联消费者利益的，如果自认有利消费者，恨不得敲锣打鼓，搞得人尽皆知；但如果评估下来，属于敏感话题的，往往都秘而不宣，低调到底，等到被发现了，再给出一两句回复息事宁人，例如产品涨价。

当年，品牌经过审慎评估后，决定推行差别定价模式，即针对不同餐厅所在的城市、地段、商圈等而造成的不同成本，推出不同的产品价格体系。实际上这种做法，当时已经有个别企业在悄悄试行。而小肯要做，就要覆盖全国范围，那个影响力不可同日而语。

当时讨论可行性时，团队内部争论很大。一方认为推行这个新政，一旦消费者发现了，感受不好，甚至可能演变成危机，风险太大；另一方认为这个新政科学合理，势在必行，即使将来有消费者投诉，那就届时再见招拆招。

最后我们做了一个大胆的决定。在全国餐厅推行这套全新的差异定价体系之前大大方方地主动告知消费者，把决策背景、调价逻辑、对消费者的影响等一一坦诚告知。

我们预判这种公开透明的沟通会取得消费者的理解和认同。因此，公共事务部准备了一份详细阐述新定价体系的新闻稿，并提前发给了全国媒体，结果大部分媒体都对这件事情做了中立报道，一切平稳过渡。

对方录音、录像，你也需要采用相同办法记录留存原始信息。

这与信任无关，这是一种负责任的做法。一是方便事后如有忘记、混淆时，有据可查；二是万一有什么幺蛾子，例如出刊的报道中张冠李戴、东拼西凑或遭遇魔鬼剪辑，公关人可以出示自我保护的证据。

所以，必要的录音、摄像等设施设备必须常备。如果事发突然，没有准备，就不要仓促上阵。先委婉拒绝，重新约定时间等，都是可行的方法。

不要只想着独善其身。

现在网络发达，社交媒体深入人心，世界互通互联。国际总部、竞争对手、行业问题，甚至其他国家地区出现的挑战，都有可能波及国内，甚至瞬间变成企业自家的挑战。

所以公关人不能只是关着门，守着自家一亩三分地。还是要格局再大一些，看得再广一些。当面临行业问题、社会话题挑战时，不妨与同业甚至竞争对手联手，大家共克时艰。

他山之石，可以攻玉。

不做井底之蛙，不能骄傲自大。周遭发生的每一个案例，都是鲜活的教材。善于学习总结，有所借鉴，未来可以少走弯路，至少不犯同样的错。

行动指南

- 一句真经
  - ◎ 危机管理的最高境界是世界太平，即没有危机
- 两手准备
  - ◎ 最理想的情况
  - ◎ 最糟糕的情况
- 三句口诀
  - ◎ 审时度势有大局观
  - ◎ 无法兼得要有取舍
  - ◎ 民心民意必须重视
- 四字箴言
  - ◎ 快：监测舆情，做到快速响应
  - ◎ 稳：稳定军心，不能自乱阵脚

- ◎ 真：还原真相，掌握关键细节
- ◎ 诚：态度真诚，不能隐瞒说谎
- 五方努力
  - ◎ 当事企业
  - ◎ 主管部门
  - ◎ 媒体
  - ◎ 专家
  - ◎ 公众
- 六项保障
  - ◎ 最高决策者是定海神针
  - ◎ 核心成员各司其职
  - ◎ 一线攻坚团队能守能攻
  - ◎ 最短汇报线提高效率
  - ◎ 执行者要手握最高管理者授权的"尚方宝剑"，在内部畅行无阻
  - ◎ 软硬件保驾护航
- 七大行动
  - ◎ 还原事实，掌握准确、真实、完整的信息
  - ◎ 制订解决方案
  - ◎ 向主管部门报备，获取指导意见
  - ◎ 出声明，说明真相和解决方案
  - ◎ 与政府、媒体、公众、员工、合作伙伴等进行 360

度沟通

◎ 整改措施要跟进落实

◎ 评估伤害，修复行动（Recovery Action）要跟
上。不要以为风平浪静了就万事大吉。人心一旦受
伤，就会有裂痕在，品牌一定要做些事情去帮助尽
快愈合伤口

危机管理修炼的都是上乘功夫。就像武侠小说里描述
的，成为高手的人都不是记住了多少招式，而是悟出了道，
然后打出的连贯流畅、行云流水的功夫中透着修为和功力。

这是一个没有止境的话题，也是一个没有唯一或标准答案
的话题。正好比**身处那个危机发生的当下，面对诸多头绪、顾
虑和抉择时，即使身为当事人，也不一定知道什么是最好的决
定。**这种情境下最考验企业的智商、情商以及综合研判能力。
唯有平时功夫做到位了，才能在那个时刻做出最合适的决定。

案例分享

这本书最早起因就是这部分，但最难写的也是这部分。

难在选哪些案子来写；难在这些案子怎么写；难在什么
能写，什么不能写；难在我到底有没有能力写明白这些案子。

在公共关系这个行业里浸染了 20 多年，不知道处理了
多少危机。但若论起影响力和惊心动魄，还是要锁定在 Y 公

司的那些年。我希望做一些有意义的案例分享，所以选择标
准有以下几点：

- 媒体已报道的事件
- 有一定社会影响力
- 有一定共性普遍性
- 企业自身易犯错误
- 对外界有借鉴作用

没有独善其身，只有一损俱损。供应链管理是最复杂、
最艰巨的挑战。上游供应商的错误造成的代价，很大一部分
都会转嫁给末端直接面对消费者的企业来承受和买单。这种
伤害也许许多年才发生一次，但一次就会让企业伤筋动骨。

- 苏丹红危机

  虽说这是近二十年前的一个案例，但它在公关危机
  江湖上的影响力至今都在。我看过各种解析、评论文
  章，但毕竟都是局外人做解读，有些雾里看花。

都是广告惹的祸。面对消费者的企业，估计在广告宣传
上都栽过跟头。现在看来，这一关总是要过的，而且往往吃
一堑方能长一智。

- "鼓励篇"电视广告片事件

品牌名气大了，凡事都会招惹是非。企业要有这份自知自觉，才能直面各种挑战。无论风险控制，还是应对管理，都不能心存侥幸，更不能自负自大，因为世上没有什么"不可能"。

- 蟹斗事件

危机牵涉到的人、时间、背景、时机……其中任何一个因素发生变化，一发动全身，危机走向、结果都会发生变化。探讨一个危机，如果不能详细说明前因后果，站在外围看的人就会云里雾里、不明所以。因为受篇幅所限，还有其他许多有借鉴性和参考价值的案例，无法在本书里一并呈现。

一个危机发生后，政府、媒体、企业、专家、公众……环环相扣，相互作用。特别是相关行业、外部合作伙伴的危机，身处漩涡当中的当事企业，不能只考虑自身层面解困。企业必须站得高一些，看得远一些，与相关部门保持充分沟通，谦虚聆听各方意见。拿出的解决方案需要 360 度的充分论证考量，绝不能忽视任何一方的顾虑。

这部分分享的危机案例，无法做到全方位无死角地描述，这与我的能力有关。我只能站在个人视角，从某个点展开进行分享。当然，我也会尽可能从面上做一些观察和思考，但这也仅仅只是我个人的一家之言。

"血"染江湖的"苏丹红危机"

背景（2005 年）

○ 2 月 18 日，英国某机构就添加苏丹红色素的食品向消费者发出警告，并在网站上公布了 419 种食品名单，下令召回。

○ 2 月 23 日，国家相关部门发出紧急通知，要求严查苏丹红一号。

○ Y 公司开展全面自查。发现一家供应商提供的产品涉"红"。

○ 3 月 16 日，Y 公司公开自曝两款产品使用的调料粉中发现了苏丹红一号，全国暂停两款产品的销售。公司的坦诚和高效应对赢得社会好评。

○ 3 月 19 日，相关部门抽检北京一家餐厅的调料粉，竟然又检出苏丹红一号。Y 公司遭遇信任危机。

○ 国内一家接一家企业涉"红"，大家一时谈"红"色变……

放眼望去，国内讲危机管理的各路大神，提及企业成功应对的经典案例中，小肯"苏丹红危机"想必都会占有一席之地。

抛开当年因为"非典""禽流感"等公共卫生事件对餐饮业带来的冲击外，"苏丹红危机"应该是当时波及食品企业最多、影响力最大的一次食品安全危机。

当时我还不负责小肯的公共事务工作。危机发生初始，我只是一名旁观者。

我的角色转变始于 3 月 25 日，一个星期五。那天上午，接到老板的电话。她正在外地出差，无法及时赶回，让我和一位市场同事代表她出席下午由苏总召集的临时危机会议。

苏总之前一直在国外出差。3 月 25 日是他回到上海的日子。

时隔这么多年，我对那一天发生的事情仍然记忆清晰。

苏总落地浦东机场后直奔位于浦西的办公室。各个部门的负责人和相关人员把会议室挤得满满当当。

当时的我很忐忑。那还是我加入公司以来第一次参加危机会议。前一年因为三人篮球赛项目，我和苏总已经打过交道，充分领教过他的做事风格：当事人如果被问到本职工作内容却不能回答他的各种迫击炮般问题的时候，那可是灾难现场。我对这个案子之前发生的事情都是在会议前的一个小时里进行的快速学习和消化。由于准备时间相当有限，所以我把注意力都放在了"3·19 事件"的后续媒体报道、行政部门检查及消费者反馈的情况汇总和分析上。因为从那个时间点开始，品牌从主动变为被动。

会议从下午开到了晚上，目的有两个：回顾过去十天都发生了什么，决定下一步要做些什么。

　　苏总带着大家梳理整个事件，每个部门通报各自的应对和当下面临的挑战。轮到我们部门时，没想到苏总竟然先告诉大家"徐慧临时被通知来参会，她可能不太了解之前发生的细节。我先把情况过一遍"，然后他就快速做了总结。苏总的这个举动一下子卸掉了我的紧张和不安。不需要再做额外的铺垫和解释，接着他的话，我开始补充 3 月 19 日之后的一系列进展，特别是当下需要解决的棘手难题。我临时做的功课派上了用场。

　　这对我是一次非常难得的学习机会。看着大老板带着各团队抽丝剥茧，把一个如此复杂的危机梳理得清清楚楚。在各个部门通报的过程中，他总是能够从诸多繁杂的细节中锁定重要节点，并一直追问到方方面面都水落石出，不给任何人留情面。

　　说实话，这个危机一开始，品牌由于勇敢地做出自曝的决定，可以说是占据了主动。但 3 月 19 日发生的事情，让本来开始向好的局势瞬间变得复杂不定，消费者对品牌的信任直线下降。

　　通过会上环环相扣的梳理，我终于搞明白了"3·19 事件"的始末。出问题的供应商以为之前生产的一批可能含有苏丹红的调料应该都使用完毕了，所以没有通知我们相关所有批次的信息。但偏偏在个别餐厅，这个批次的调料还有剩余，所以才出现了后续的局面。有人感叹运气差，但我从会上学到的是"体系大不是理由，运气不好更不能成为理由。不要找任何借口。如果时光倒回，我们应该怎么做，才能杜绝再发生同样的问题"。另外在决定自曝前，无论是先达成报备共识，还是撰写声明，都可以做得再到位一些。但这个世界上没有那么多"如果"。

一切都摆在了台面上。功过是非，一目了然。当时的空气仿佛冻住了一般，大家以为大老板会大发雷霆。谁知他话锋一转，抛出了一个问题："下一步我们可以做些什么？怎样重新找回消费者对我们的信任？"

会议室里一片沉默。偶尔有人发言，也是说着说着就底气不足了。

只见苏总环视一圈后看向我："徐慧，你最快哪天可以办一场新闻发布会？"我的心里咯噔一下，迅速拿出手机翻看日历后回答："现在已经是周五下午，周六、周日两天不适合。克服一切困难，最快周一可以。另外考虑到嘉宾和媒体的出席，发布会应该放在北京。"

苏总回应："那我们就下周一在北京召开新闻发布会，回应外界关注的所有问题，并通报下一步行动计划。我在回来的飞机上已经写了一些内容，刚才在来办公室的路上，也找相关团队做了初步讨论。现在我们再做一下细化和完善。"然后他就拿出了两张手写稿纸（见图 4-2）开始讲起来。

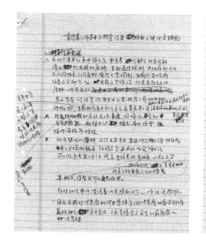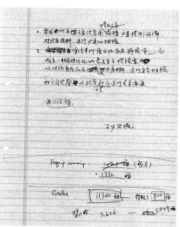

图 4-2　苏总拟写的三大改进措施手稿

　　这就是后来公布的著名"三大改进措施"。

　　我一边开着会，听着三大措施的具体内容和相关部门提出的各种问题；一边马达全开，邮件、短信并用，把需要配合的详细工作清单发给北京市场公共事务团队，请他们找场地，准备嘉宾和媒体名单，并收集关注问题……

　　危机会议终于结束，大家头昏脑涨，但没有时间缓冲。每个部门都领命了一堆事，需要马上沟通落实。所有人筹备的时间只有周末两天。

　　同一时间，我也收到了北京团队的回复"已找到酒店场地"，并且会议室的图片已经躺在我的邮箱里了。场地完全符合要求。我通过电话跟老板做了汇报后，就立即通知北京市场锁定场地，而另一边全国市场公共事务团队也已经各就各位，等着参加电话会议，启动所有筹备事项。

全国电话会议终于结束，夜幕笼罩，我拿着苏总给我的那两张手稿发呆。最艰巨的任务还压根儿没开始呢。周一的新闻发布会要成功举行，发布的各种新闻资料是关键，而其中有太多细节我还是一头雾水。我需要与品牌团队确认，需要与各业务部门确认，还有许多问题需要与苏总确认……正不知如何是好时，接到了他的短信，让我周六早上去办公室找他，他会和我一起准备所有资料。我一下子感觉自己活了过来，关上电脑，下班回家！

之前听同事们讲过，大老板几乎不加班。没想到这次他难得破一次例，就让我撞上了。

周六一早我就到了办公室，开始整理各市场收集的媒体问题。很快就被苏总叫去他的办公室。他的办公桌很大，我坐在他的对面开始工作。苏总讲话速度非常快，思维是跳跃式的，还有一些话只讲一半，相当考验我的速记能力、理解能力和领悟能力。当我根据讨论开始准备新闻稿件时，他就在那里奋笔疾书，并不时打电话给不同的人确认着各项事宜，中间还穿插着开了几个电话会议。

苏总对公关专业看得很明白，他也了解媒体，所以准备新闻资料务必注意的事项根本不需要我多啰嗦和提醒他。

各项准备工作进展顺利。新闻稿、他的讲话稿、媒体

Q&A、他亲笔写的致全体员工信（见图 4-3），还有供应商
资料、各种检测报告……都在周六一天内全部准备完成。

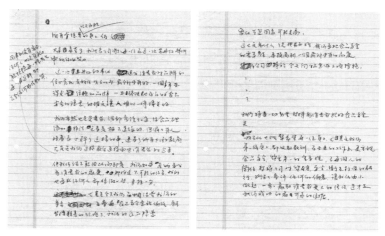

图 4-3　苏总拟写的致全体员工信

考虑到北京新闻发布会的覆盖范围有限，我们决定全
国各市场在 3 月 28 日下午同步举行当地的媒体沟通会，各
市场在我们提供的统一资料的基础上再添加补充当地相关信
息。所以，我们在总部全力以赴准备北京的发布会，而全国
各市场公共事务团队也在忙碌张罗着当地的沟通会。

3 月 27 日上午，我和不同部门再次确认新闻资料中的
各项内容后，当天下午就飞抵北京，带着市场团队开始筹
备、落实新闻发布会的各项事宜。

3 月 28 日下午，"×××公布苏丹红调查结果新闻发

布会"北京主会场及全国各分会场媒体沟通会同步举行。由于时间紧，没有人比我更熟悉发布会的内容和流程，因此我就自己上阵做主持人。苏总在会上坦诚回答了记者提出的各种犀利问题，知无不言，言无不尽。

这次发布会让全国看到了品牌推出三项改进措施的决心和魄力，还有那张著名的协会人员和苏总带头吃鸡的新闻照片。

这次发布会传递的信息清晰明了，解答了各方疑问，给这次危机画下了一个休止符。

这是一场生死战，好在我和我的战友们幸不辱命。

后续几个月的时间里，三大措施一一推进落实。全国消费者慢慢回归，各地餐厅重回热闹景象。大家给予的信任是对我们辛苦工作最好的回报。

思考

- 从种植养殖、生产源头管理到最后端上餐桌，供应链条太长，涉及诸多企业。其中任何一个环节出问题，都将对直接面对消费者的终端企业造成严重打击。如何正本清源、有效溯源……对终端企业管理上游供应商都是一个长期艰巨的挑战。
- 面对这样影响全国的危机，大家都没有经历过，谁都没有经验。但总是要有人"吃螃蟹"，蹚出一条路。

○ "确保不再发生"这种保证经常出现在各种企业的危机声明中。真是如此，哪里还会再有危机发生？所以永远不能把话说满。话不说满，不代表态度不真诚，相反体现了一家企业的严谨和负责任的态度。

○ 敢于自曝，勇气可嘉。但在自曝前，如果能够与各方提前做好充分沟通，特别是在第一时间向主管部门报备，取得他们的支持和指导后再行动，将会避免强震后的余震效应。

吃了"开封菜"就能考试过关？

背景（2006 年）

○ 4 月初，"鼓励篇"电视广告片在全国各地电视台陆续播出。广告片的主题是希望学子们放松心情，以最佳状态迎接考试，旗开得胜。

○ 4 月 6 日，一网友在一个网络社区论坛发帖称这支广告片"好过分"，片中那名认真读书没有吃"开封菜"的男生没考上，而那个天天玩但吃了的男同学竟然成功过关。帖子一出，吸引了各方关注。

○ 随后，全国各地媒体跟进报道，质疑该广告片的宣传立意……

那个年代，电视广告是品牌重要的宣传手段。

4月6日，一则媒体监测预警的消息出现在我面前。接着就收到了市场报备，他们接到媒体发来的采访问题，希望尽快回复。

我马上找到相关企划同事，请他们提供广告片的所有版本和创意脚本等相关资料，同时了解到他们的创意初衷是希望以一种轻松而又有着意外结局的创作手法传达积极的生活、友谊态度，但最终网上的事态发展，显然是他们没有预料到的。

我反复看了多遍广告片。平心而论，那时候的我看来敏感度还不够，当时就是觉得网友们有些"小题大做"了。我又邀请了几位同事分别观看广告片，观感也不尽相同，呈现正反两派。同时我也密切关注事发论坛上面的网友评论。起初，大家的观点分为两派：有人反感，质疑品牌动机；但也有人很喜欢这支片子，认为品牌采用巧妙手法突出了年轻人之间的友谊高于一切，而小肯在他们中间扮演了一个连接的角色。但几天后，质疑的声音开始占据主导地位。

我们内部展开了激烈讨论。要不要回应？怎么回应？是否采取动作？采取什么样的跟进动作？……一系列抉择摆在团队面前。

实际上，每次事件危机发生，都要考虑这几个问题。但背景、时机、起因、关键点等任何一个因素不同，导致最终做决断的结果都不一样。

危机是一道从来都无法做单纯复制和粘贴的难题。没有一样的题目，自然也就没有一样的答案。

如果直接回应，解释创作初衷，而没有任何改进动作，这种回复的意义不大。这就好比你埋怨你的，我解释我的，各说各道。消费者看不到品牌的重视和诚意，自然也就很难买账。

但如果采取跟进动作，要怎么做才好？只是停播并下线广告，这种做法不仅简单粗暴，还牵涉到违约、成本等问题，让品牌更加被动。

最理想的做法就是修改广告并重新上线。即使不计成本，但企划部是否来得及制作，并赶得上原有的播出档期……这些都是不得不考虑的现实问题。

就在那个时间点，雪上加霜，收到个别电视台的通知，鉴于此次事件的社会影响力，它们决定暂停该广告的播出。

时间不等人，必须马上做决定。但大家都拿不了主意。升级到苏总那里，他的态度很明确。不论之前创作本意如何，必须重视消费者的反馈。他要求立即修改结尾并再次上线。为了尽可能缩短制作周期，只能放弃艺术考量，画面维持原样，只修改配音，但这样讲述出来的故事就完全不一样了。

从出声明、下线广告并做修改，再到新版本重新上线，一共用了五天时间。大众认可我们的态度和应对，但我们自己不满意。因为修改仓促，新版的广告片艺术性不尽如人意，我们决定顺水推舟，推出广告结尾创意征集。但选择哪个平台作为征集的主渠道，大家意见不同。

在那个节骨眼上，我突然想到，在哪里摔的跤就应该在哪里站起来。我们尝试联系那家事发的网络社区，大家很快达成共识。社区专门开辟了广告结尾创意征集专区，没想到来参赛的网友还真不少，更想不到能人辈出，大家贡献出不少好创意。

后来有媒体报道，品牌最后的应对也算是转危为机。

思考

之所以分享这个案子，是因为差不多每家企业在广告、宣传品上都遭遇过各种挑战，也栽过各种跟头。问题的关键是当事企业有没有发自内心地进行认真反省和改进。否则，这种事情还会再次发生。

于我而言，这个案子是一个分水岭。

一名企业公关人，很容易被自家企业文化"洗脑"。不论对与错，只要外界有批评的声音，就会冲出去尽最大努力"灭火"。这实际上是一种不自知的不专业。

一名专业的公关人，在企业里应该是把对的事情做对，把不对的事情想办法纠正对。他是连接内部与外界的一座桥梁。外界有任何批评的声音，要想办法让这个声音传递进来，让公司决策层听到并有所为。而企业遇到了委屈或不公，也要有智慧地让外界知晓，与企业共情共理。

　　这个案子发生之后，我观摩、研究了不同企业的大量广告片和宣传品，还请教负责投诉的协会老师、媒体老师，听他们点评各种危机案子。这样一点点积累下来，从某一天开始，我发现自己可以站在消费者的立场客观审视自家的宣传品。

　　企划的创意和想法当然要听，但我也会同步打开"消费者频道"，下意识反射出他们的感受。这种敏感度的训练很有效，这也是之后几年在"宣传品审核委员会"上，我可以一目十行地给自家各种广告、宣传品"找茬过不去"的原因。

　　唯有具备不同的视角，时刻"敏感度"在线，公关人才能为品牌真正做到保驾护航。

蟹斗里吃出鱼骨？

背景（2011 年）

- ○ 2 月，一款短期产品"××蟹斗"上市。

- ○ 2 月 21 日，一个在学生群体中拥有很高知名度的社交网站上，一位网友的原始帖引发关注。文中还贴出了一张产品图片，蟹壳里面有一个很小但完整的鱼骨。

- ○ 2 月 23 日起，全国各大网站、电视台、平媒跟进转载、报道……

这是我经历过的最匪夷所思的一个案子。整个事件的起源、走向匪夷所思，最终的结果更是匪夷所思。

有一段时间，我们团队成员经常自嘲：大家待在办公室里，品牌一切安好无事。只要我们部门一出去团建，或者在外地开年会，就保准儿有事发生。

结果这次又是一语成谶。

当时我们正在南京开全国年会。会议间隙，团队成员突然拿给我一个监测预警，并感慨道："慧姐，咱们又有的忙喽。"早已经锻炼出一颗强大心脏的我，心态一如既往的正面积极："全国公关人员都在，省了隔空打电话、发邮件的时间。"

盯着网友曝出来的那张产品图片，我足足愣住了几分钟。里面卧着的一根鱼骨清晰可见，虽然小，但十分完整。围着我的几个人已经热烈讨论起来："真的假的？这也太不可思议了吧？""怎么可能？周边都是碎蟹肉，这根鱼骨却是完整的？！即使有千万分之一的可能有小鱼混进来，也不可能留有'全尸'啊？！""这肯定是网友恶搞 P 出来的。"……

事件原发的那个社交网站上，网友们已经吵成一片，各种对品牌不友好的声音层出不穷。看这架势，我的直觉就是"这是事态要扩大的节奏，必须尽快搞清楚事情真相"。

一般情况下，遇到这种诡异的事情，按照外界一些品牌的做法，就是立马站出来辟谣，并在最后一定有一句"对造谣、传谣者保留追究相关法律责任的权利"类似的话术。那会儿，团队里也有人建议面对这种不靠谱的照片和"谣言"，根本不用客气，直接发一个声明把其扼杀在摇篮里。

但我们不敢大意。一方面，请团队成员想办法联系那个发帖的网友，了解更多细节，争取看到实物；另一方面，开始打电话联系品牌、企划、采购、品管等，寻求他们的支持。

不出所料。公司里相关业务部门的同事们看到那张照片的下意识反应都是："不可能！绝对不可能！第一，该产品采用的原料是东海花蟹的蟹斗和蟹肉，没有任何鱼虾成分的配比；第二，该产品的制作工艺就不可能发生这种情况。"随后，两家供应商发来的证明就躺在了我的邮箱里，他们的负责人数次打我的电话，详细介绍产品原料成分和制作工艺，还发来一堆佐证的资料。在电话里，我可以清晰感受到对方百口莫辩的着急和委屈。

同一时间，品牌营运团队也给予了反馈。截至当时，没有任何餐厅接到消费者的类似投诉。而联系那位发帖网友也始终没有得到回应。但全国媒体的采访和相关行政部门的问询已经纷至沓来。

不能等了。2 月 25 日，我们在官网上发布了声明，解释了产品的配方和制作工艺，并提供了详细的联系方式，公开喊话发帖网友，请其立即联系我们，以便了解详细情况。

　　没有等到该网友的回应。但基于声明的客观回应，媒体的报道基本上都采用了我们的原文。但半路杀出程咬金。几个城市冒出来的个别消费者找品牌索赔，让原本已经走低的声量又开始高起来。

　　本着严谨的态度，3月2日，我们再次发布声明，喊话那位网友，希望其尽快联络品牌。依然无果。一方面，许多人在网上谴责品牌和这款产品；另一方面，这起事件的主角产品在全国许多餐厅陆续售罄，但有媒体将其报道为"产品被下架"；另外，还有一家视频网站发布了一个以怼天怼地著称的大 V 制作的相关声讨视频……一下子，江湖上又热闹起来。

　　因为始终都没有收到当事网友的联系，3月10日，我们就所有社会关注的疑问做了一个完整回应。全国各地媒体做了一轮报道后，该事件基本落幕。

　　但对我们内部而言，这个案子并没有结束。

　　因为事件对品牌影响很大，于是公司向属地公安报了警。在很短时间里，警方找到了发帖的网友。据该网友介绍，她在餐厅里买了产品，拿回家后竟然发现里面有鱼骨。她没有去餐厅投诉，而是拍了照片发在网上，但随后就发现事态扩大，有些担心害怕，于是把没有吃的产品冻在了冰箱里，然后像鸵鸟一样埋起头来不再理会外面的世界。她声称完全不知道品牌公开喊话寻她的后续情况。

当那个被她冻在冰箱里月余的蟹斗经过长途跋涉后摆在我们一众人面前时，我们盯着这个实物完全惊呆了。那根迷你鱼骨就那样躺在蟹壳里，周遭被碎蟹肉包围着。虽然鱼骨小得不能再小，但非常完整，所有部位清晰可见。按照业务部门同事们的鉴定，没有发现实物有伪造、加工的痕迹。

大家可以想象我们一干人等的复杂心情吧？！那会儿的我，怎么看都觉得那根小鱼骨好可爱，脑海里全是小鱼的种种冒险画面。说实话，不以此为素材写个童话故事什么的都感觉可惜了。

自然，两家供应商看到实物后的心情比我们更加五味杂陈、百口莫辩。

一桩奇案，没有答案。

思考

每每想起这桩案子，称奇之余，都感慨万分，甚至后脊一凉。

好在我们发布声明时足够慎重，好在我们没有自大赌运气。如果当初一开始就像一些品牌的做法一样，第一时间站出来义正严词地否认并辟谣的话，那最后真是完全无法收场了。

所以说，在危机的世界里，没有"绝对的不可能"。怀有一颗谦虚之心，谨言慎行，何其重要。

05

CHAPTER 5

第 5 章

凝聚人心：公关团队管理心法

一名管理人员懂公关，或不懂公关，将直接体现在企业各项决策中，大到外交，小到日常。

企业公关团队专业与否，团队成员自身能力是一方面，管理层的格局和水平则是关键。

管理者的段位

人总是对自已有所期许，包括精神层面和物质层面。人在职场上，有上升的职业空间，说明你的能力得到了认可，还意味着你有更大的平台和空间，可以在一定程度上"当家作主"，施展更多抱负。

那么做到一名专业公关主管，需要参悟、习得哪些上层功夫？抑或参照什么指标，训练自己朝这个方向努力？

核心意识的训练和确立

管理者与执行者最大的不同就在于，动脑思考与动手执行在日常工作中所占的比重。

这个话题有些抽象，但很重要。正如这部分所探讨的内容，如何定义公关团队对所在企业需要发挥的价值，如何管理公关团队等，没有标准答案，但意义重大。这直接决定了一个团队需要做什么，不能做什么，以及怎么做等一系列具体的管理日常。

如何确立这种核心意识，除了受企业掌舵人和企业核心价值观的影响外，个人的三观和全局思考的能力是基础。这个需要假以时日，不断挖掘和训练，通过一些具体项目或事件处理就能慢慢彰显出来。

统筹协调能力

随着职务的提升，管的团队越来越大，从一名执行人到管理者，不可能再事无巨细亲力亲为。考虑全局，开始运筹帷幄，可能是最大的转变，也是最大的考验。

我加入 Y 公司一年后，就开始独立负责小肯品牌的公共事务工作。虽然那个时候只是经理级别，但因为身处总部，从一开始就是在做全国一盘棋的统筹规划工作，带领全国媒体团队，配合品牌策略和新品上市，策划、执行各种公关项目。

在我负责品牌公关的八年时间里，全国一年差不多有200 ～ 500 场公关活动，大多数由各市场公共事务团队落地执行。由总部主导的公关活动不做则已，一做都是大场面。无论是与中国篮球协会连续多年共同主办的全国青少年三人篮球赛的新闻发布会、开幕式、总决赛，还是庆祝品牌进入中国 20 周年而特别策划的"欢乐中国行"，少则现场千余名观众，大到现场两万余名观众，身为总指挥的我都不能怯场，必须做好"定海神针"。只要我定定地站在那里，沉着指挥，就给了大家动力和信心。

现在回想，这段经历对我至关重要。之前做一名执行者，尽忠职守、兢兢业业，做好分内的事足矣。但**从带领团队开始，需要思考全国层面如何布局，各个市场如何出彩，还**

要考量一个大项目如何拆分成若干个小项目，再把合适的人放在合适的位置上，指导他们做正确决策，并成功实施。

因为那些年的训练和实践，不断提升了我的统筹协调能力，后续我才有可能在公司的危机管理中担当协调员这个重要角色，并发挥作用。

专业框架能力

随着职位越做越高，你会发现你的工作范畴也在变化，做事变成第二位，管理人员成为第一要务。但这不代表可以降低专业能力的要求，因为你要识人，还要带人，最后再把人用在刀刃上。

对照一下，这四点是否具备：

- 熟悉政府系统职能
- 看懂媒体生态环境
- 重视舆情监测分析
- 做合格新闻发言人

无论是树立企业形象、做品牌宣传，还是危机管理，打交道最多的就是政府各职能部门、各路传统媒体和社交媒体，所以必须熟悉它们，才有可能打好交道。

身处一个信息四通八达的社会，你头上的那个"小雷达"要一直工作着，捕捉、筛选有价值的信息，特别是可能会错过的机会或风险，并采取有效的应对。

　　成为一名合格的新闻发言人（需要一定职级保证）。当有好事情发生时，你可以请合适部门的合适的人站在聚光灯下，做对公司、对品牌增光添彩的事。但危机当下，受过专业训练的你本人就必须迎危而上，接受长枪短炮的考验。因为在这个时候，没有试错机会，更不能送那些没有受过专业训练的人去踩雷。

　　如何训练自己成为一名合格的新闻发言人？这是一个很大的话题，可以作为一门单独的课程来详述。我曾经听过一名新闻发言人对其工作的高度概括："做最坏的打算，尽最大的努力；是人都会紧张，新闻发言人的最大本领就是知道如何隐藏紧张。"

　　当然，职场上并不是所有的老板都是有专业能力的人。不是每个老板都需要亲力亲为。他做不了，但看得懂、会用人，聘请懂专业的人来帮他，自然也是一种了不起的能力。

危机管理能力

　　这一条实为专业能力中的一项，但此处把它单列出来，是因为对管理人员很重要。

　　公司危机发生时，一名公关管理者，一方面需要眼观六路，耳听八方，临危不乱；另一方面需要根据收集到的"声音"，给到公司高层精准讯息，并快速制订作战方案。其间还要针对事态进展，归纳总结，不断调整作战打法。

危机管理是一个大话题，要求的具体能力有很多，详见第 4 章中的详细分享。

最后还需要再强调一下，做一名公关人和做一名公关管理者有着本质不同。**危机管理和新闻发言人这两项职能，不是每个公关人都必须涉猎的，因为它们考验极强的综合能力。这个与"面子"没有关系，而是真不能逞强，不能拿公司的利益、股东的利益去冒险。**

公关部在组织里的位置

写这个内容之前，正好接到两通电话。

一通电话来自一家世界 500 强体育用品公司的人事主管。他正在为公司找一名政府事务负责人，这是一个独立设置的部门，问我是否愿意考虑这个位置。最近他们被一个行业危机波及，公司应对不到位，受影响很大，所以需要引进人才加强相关工作。

另一通电话来自前同事，她重新回到了前东家，偏偏就赶上了同一件事情，关键还是这场危机的主角。她希望我帮忙介绍一家在政府事务方面比较厉害的公关公司，以解燃眉之急。他们公司把公关职能放在了市场部，没有设政府公关的相关职位。

这两家公司遭遇的情形是目前国内许多跨国公司处境的缩影，极具代表性。

一家公司的组织架构里，公关到底有没有一席之位？不同公司给出了不同答案。但企业只要经历过信任危机，被伤到了，就会态度明确，立即海纳百川、广揽人才。但问题的关键在于，有些企业好了伤疤就忘了痛。

为什么要设公关团队

一家公司公关部门的大事记，就基本上可以折射出这家公司的成长路径。

跨国公司或外资公司初入中国市场，由于不熟悉本土情况，但又不会优先拿出预算成立内部的公关团队，一般都会聘请专业公关公司，往往还都是世界上那几家著名的大公司来打理政府事务、媒体事务。一年下来，需要花费一笔不小的服务费和咨询费。

过了一些年头，随着业务的铺开，B2C 公司，特别是FMCG（Fast-moving Consumer Goods，快速消费品）公司，多多少少都会遭遇消费者投诉、媒体危机、行政处罚等考验和挑战。当公司发现仅依靠公关公司有些捉襟见肘时，就开始招兵买马成立自己的公关团队。

全国业务的规模、核心产品或服务的特性等决定了内部公关团队的规模。大部分公司基本上都采取了少则 2 ～ 3

人，多则 8 ～ 10 人建制的做法，再辅以公关公司的支持，为企业保驾护航。

Y 公司的公共事务团队是个行业特例。当时总部 20 多人，市场层面各个分公司还都有一个团队，全国近 200 人的规模在业内都极其少见。

那公司为什么愿意成立这么大的一个公共事务团队？原因很简单，开店数量与日俱增，业务规模不断扩大。无论是一家餐厅开业需要的各种证照，还是升级的消费者投诉；无论是各种外部检查、媒体采访，还是支持旗下所有品牌全年的宣传活动，涉及 1000 多个城市的几千家餐厅的支持。即使三四家公关公司联手，也无法接下这个业务，关键是服务要求和品质、响应速度等还不一定可以得到保证。所以，公司只能打造自己的公共事务团队，自给自足。

政府事务与媒体关系分开好，还是合着好

合久必分、分久必合的道理，用在此处再合适不过。因为听说了太多公司曾经分别设立两个团队，不知哪一天就合并了，但有一天竟然又分开了。

其中不乏组织调整、人事考虑等因素，但于我看来，重点在人。可否找到有能力兼顾两者的管理者，决定了两个功能版块是整合在一起，还是分开。

通晓媒体关系和政府事务，关键时刻还能自己上阵的公

关人，的确不好找。这与公共关系在国内发展的历程有着密切关系。

如之前所说，这个圈内的从业者大多都不是科班出身。有些公关经验、媒体经验的人一般都会从事偏媒体、宣传的媒体公关岗位，不太碰政府事务；而许多做政府事务的人都是之前拥有政府部门的工作背景，然后到企业任职，所以这拨前辈们一般不会肩负媒体公关的职责。

可以说，这两个领域的公关人相互独立，各成一派，但都属于大公关的范畴。

星级酒店公关部出身的人，属于难得的一支小分队，两大职能基本都有所涉及。但相对而言，业务复杂程度有限。

这种业内现状，很长时间左右了我的认知。之前 Y 公司公共事务部也一直是分开的架构设置。直到 2013 年的一天，苏总告诉我，他要打乱以往架构，成立策略组。这个组将把媒体关系和政府事务融合为一体，并为公司及旗下所有品牌提供公关策略支持和危机管理。

这个重任竟然落在了我的肩上。一直做品牌宣传近 9 年的我，心中的惶恐可想而知。但我还是勇敢地接受了任命，开始组建全新团队，并进入到疯狂的"打怪升级"的修炼阶段。

我和团队一一拜访相关部门，与它们进行沟通交流。经过一轮又一轮的互动，在某个时间点，我突然悟出来媒体公关与政府事务两者互通的优势。这就像打通了任督二脉，对于公司的公共事务到底应该怎么做有了越来越完整清晰的答案。

之前都是我们人为预设立场和自我设限。无论是与行政部门沟通，还是和媒体打交道，只要我们听得懂对方说什么、问题是什么、期望是什么，同时又明白我们公司的策略与方向，我们就会非常清楚应该怎样回应和怎么做。而且还有最关键的一点，政府事务与媒体关系这两部分工作内容有着千丝万缕的联系，甚至相互影响。

把政府事务与媒体关系两大职能及相关团队整合在一起，可以集中公司资源，并且可以更加有效地做好外部沟通工作。

一旦这种机制健康运作起来，对公司将产生正面积极的影响。特别是有一定规模的大企业，这种整合的公关职能架构更能发挥重要作用。

把公关摆在哪里合适

独立设置，不依附任何部门，直线汇报给一把手。

与产品、服务或促销活动密切相关的品牌公关，放在企划部或市场部无可厚非，这也是许多公司的做法。但涉及政府事务、媒体事务，特别是危机管理，肯定不行。做企划的人，每根神经都和销售挂钩，投入、产出、收益、回报……计算得丝丝分明，但公关的世界不能用敲计算器、建模型和数学公式来管理。

　　人力资源部也不行。有一次和猎头聊天，我告诉他："做公关的人肯定可以做员工关系，但做员工关系的人不见得可以做公共关系。"

　　法务部也不行。法务部的工作依据是各项法律法规，这与做人心的公关工作着眼点就不一样。有些公司甚至让律师兼做公关。想想看，与职能部门、媒体、消费者做沟通，对方一旦知道你的律师身份，心中会没有顾虑吗？法务部与公关部是两个必须精诚合作的部门，但肯定不是整合在一起的选项。

　　之所以让公关部汇报给一把手，是为了压缩汇报线，节约时间，提升效率。特别是在危机发生时，可否在最短时间内做出高效决策，有可能事关一家公司的命运。

盲目迷信大牌公关公司要不得

　　企业内部公关团队与外部公关公司是甲方与乙方的关系。

　　过往实践证明，公关公司的名气和其具备的能力并不一定是正向关系。我最深切的感受就是找对的，不买贵的。

公关公司包治百病吗

　　我发现美国公司的总部，对公关公司，特别是著名的公关公司有着谜一般的依赖。

故事 1：

有一年，小肯迭代升级品牌标识（Logo），全球各市场都要配合国际总部做落地新闻发布会和宣传。由于是全球项目，因此签约总部的公关公司成为总执行，我们则和其在中国市场的分公司对接。几轮沟通下来，当拿到他们的初方案和预算时，我们心中一惊。这美元报价折算下来着实不少。从哪里去找这笔预算？只好接着谈判。没想到，对方客户经理说得最多的一句话就是："我很忙，多出的服务时间是要额外收费的。"根据我之前的认知，以为只有律师或甲方才会这么说。不得已，只好向总部申诉。结果总部让我们中国团队自己做主，于是我们把公关公司换成了之前一直使用的本土供应商。

这个故事还有后续。在一次聊天中无意得知，我们这家本土供应商竟然是之前那家公关公司的下线供应商。也就是说，最终我们仅花费了之前 1/3 的预算，就享受了一样水准，甚至更高品质的服务。

故事 2：

Y 公司在国内有这么大的一支公关团队，但一旦发生事情，总部还是希望我们找一家国际公关公司来协助。

有一次危机发生，我们听从总部安排，花巨资请了一家著名的国际公关公司来做顾问。我们介绍完危机背景、公司业务、内外关系……就把公关公司搞得头晕，关键他们来的负责人还是个不讲汉语的老外。一来二去，对方终于拿出了新闻稿、对外声明等初稿，果真是三板斧子挥出来的标准八股文。好在我们自己团队也提前准备了另外一个版本。最后总部给的反馈是，我们撰写的版本是他们看到的最有情感、同理心的一版声明，非常棒。所以结果显而易见，最终还是使用了我们自己准备的新闻资料。

平心而论，有一点必须承认，对方翻译新闻资料的精准性高于我们找来的翻译公司。而且这次危机的涉事方是一家国际供应商，由此引发了不少国际媒体的关注。公关公司在对接国际媒体采访这个方面还是发挥了优势的。

故事 3：

加入 L 公司之后，面对全新的行业，我花了不少时间学习新知识的同时，开始梳理所有业务。又遇上一样的模式。总部签约了一家全球公关公司，其在中国的分公司服务我们中国团队。在我们部门成立之前，对方的主要工作职责：

- 媒体监测，并提供中英文双语报告；
- 作为联络窗口，记录媒体采访内容、联系媒体，并将美国总部确认的回复反馈给媒体。

　　这种合作模式是大多数跨国公司聘请公关公司的模式。但仔细分析，就会发现弊端。公关公司不可能自己设立一个专业团队做媒体监测，一般都是签一家下线供应商。而公关公司的角色则是在供应商提供的报告的基础上，再把信息筛选一遍，最后挑选五至六条他们认为重要的新闻做一份英文版的媒体报告，并确保每天晚上 9 点前发出邮件。

　　由于翻译工作量和照顾总部的时差，每天的媒体报告已经与新闻时效没有太大关系了。再加上几重筛选以及相关人员对新闻和公司业务敏感性的落差，漏新闻、漏热点成为日常。

　　至于媒体采访，公关公司是没有自主权的，它更像一个传声筒。关键是那个"要命"的时差，等着甲方总部看邮件，等着总部确认回复，最后往往等来的还是一句"无可奉告""不予回复"，或者是官方客气的一句模板回复。但这个时间点，往往早已经过了平面媒体的出刊时间。对于"时效就是生命"的网络媒体和社交媒体而言，那更是等得黄花菜都凉了。所以大家往往可以看到新闻报道中最常见的一句结尾"截至发稿，仍未收到该公司的任何回复"。字不多，但杀伤力极大。

　　我们团队成立初期，第一要务就是找到一家提供有效、全面、及时舆情监测的供应商，确保收到一天至少两次的书面汇总，外加 18 个小时的热点动态通知。同时梳理原有公关公司的职责和定位，大家合理分工与合作。

甲乙双方都有苦说不出

跨国公司初入中国市场时，人生地不熟。不懂国情，没有人脉，自然找公关公司是最有效率的办法。

站在甲方的立场，有着甲方的"苦恼"。我和美国同事聊天，他们也很无奈："时差问题，我也没有解决办法。""我们每天下午 5 点下班，你看楼里已经没人了。""我怎么知道公关公司是否有能力处理这些采访？媒体回复不审怎么可以给出去。""公关公司要告诉媒体，没有官方回复，就不能发新闻。否则我们会出律师函，告媒体失实报道。"……

我也做过乙方。我很理解这个行业的"低声下气"和"委曲求全"。上一小节第一个案例中提及的客户经理，还是少数。因为她眼中的甲方是我们的美国总部，自然不把我们团队放在眼里。

在公关公司，一个客户经理一般要服务几个客户。每个客户的业务都不一样。如果要提供有品质的服务，这位客户经理或身后的团队就要花费许多时间去学习、研究客户的业务、产品和服务。但人力问题、预算问题、时间问题……往往还有自身的心态，让这种耗时耗力的实际操作变得不现实。而且每个客户都希望对应自己的客户经理 24 小时待机等候，随叫随到。

所以就不难理解，现在的公关公司为什么花大力气搞出那么几套精美的策划、方案，再辅以"武功秘籍 12 式"，针对不同甲方客户的业务略做一下修改，就可以凭此"无敌通吃走江湖"了。

一天，我和公关公司的老总做定期沟通，结果变成了双方吐苦水。我抱怨："这一年换了 3 个客户经理。好不容易来个有点灵气的，我花了大力气培训，终于带得有点模样，又离开了。"这位老总则一脸无奈："他们都是我们团队里已经不错的员工了。我们也是花了不少时间培养出来的。辞职的三个人中，两个都是被其他甲方挖走了。要不，你给我推荐一个看得上的，我立刻出入职通知。"

这就是现在公关公司的一个现状。实际上，它们不是没有专业厉害的客户经理，只是人员有限。一家公关公司要服务这么多甲方，一名客户经理对接的客户也不能无上限。所以，经验丰富、老道的客户经理一般都被派去服务年度预算大、时间周期长的甲方客户了。

甲乙供需矛盾是否有解

要不要找公关公司

视公司规模、预算和人头而定。

如果公司没有条件成立自己的内部公关团队，签约一家甚至两家公关公司是必然。但我会建议双方力争促成驻场客

户经理（On-site Account Manager）的做法。一方面解
决了部门没有人头的困扰，另一方面有利于客户经理充分、
深入学习了解公司业务，从而有能力提供专业、及时的公关
服务。

　　但这种做法会面临两个挑战：第一，预算很高，因为这
名客户经理只服务一家甲方企业；第二，你培养带出来的人，
可能随时被其他甲方挖墙脚。

找什么样的公关公司

　　跨国公司几乎都喜欢与那几家著名的公关公司签约，本
也无可厚非。对于一个未知的领域，人们需要做选择的时候，
最本能的判断依据就是知名度、规模，还有口碑。

　　国际公关公司的优势在于业务遍布全球。主要市场都
有本地团队，国际化人才储备较丰富。每年各大公关公司
还会依据其在某个领域的优势，如企业社会责任（CSR 或
ESG）、社交媒体、危机管理、最佳雇主等，发布年度报告，
具有一定的参考价值。

　　这些年中国本土的公关公司发展迅速。特别是它们灵活
的定价标准、机动的服务时间、快速的响应机制等，让许多
进入中国市场有些年头的跨国公司纷纷成为它们的客户。

　　至于服务内容，一些大牌的公关公司还是坚持全维度
服务模式，业务涉及各个领域。但陆陆续续不少公关公司

开始专注某个或几个赛道，希望在细分市场做深做透，并成为该领域的领跑者。有的是以客户行业特点为指引，例如专注快消领域、医药领域或互联网领域等；更多乙方则重点提供某个专业领域的服务，例如社交媒体运营、线下活动管理、媒体宣传管理或危机管理等，还有当下大热的直播业务。所以，一家公司找什么样的公关公司，归根结底还是要想清楚你需要什么样的服务或者哪几项服务对公司是最重要的。

当年的 Y 公司，依据全年项目或单场活动与公关公司签约，我们一般称其为供应商。其主要职责是活动现场的搭建、舞美、音响、灯光及协助执行等。活动的整体策划、媒体记者和嘉宾邀请、新闻资料撰写等核心内容还是由公共事务团队自行完成。我常和团队讲："如果新闻稿、活动策划案这种事情都找公关公司来做，公司还要我们做什么呢？"

2005 年，公司旗下的第一个自创中式快餐品牌即将揭幕，而我被临时委任负责该品牌的启幕庆典。刚开始，我还是按着老路子找名气大的公关公司出庆典现场创意，但品牌团队一直不满意。于是我决定换个思路。找本土公司又如何，找小公司又如何，只要可以出好活儿。结果见了几家公司后，一份舞台设计稿抓住了我的眼睛。几个错落有致、不规则的橙色框架构成了主舞台，完全打破了传统的大块敦实背景板的做法。这家公关公司的合伙人是两个年轻的上海小伙，团队规模不大，但他们有激情、有想法。经过一系列审核流程，他们成为公司众多供应商中的一员。之后，又陆续增加了几家类似的本土公关公司。它们服务了公司和品牌很多年。

所以说，好的乙方不在于名气大小、规模大小，只要水平够、态度在、服务好，甲方就可以带着它们一起成长，互相扶持，彼此成就。

人才！人才！

做公关的人不少，但公关人才稀缺是不争的事实。

于是，你会发现一个有趣的现象。甲方变乙方的人不多，如果有，也都是去做高管了。但乙方变甲方的大有人在。

在我看来，把乙方变甲方，偶有为之没什么。但这种做法，不值得鼓励。乙方人才都去甲方了，那乙方怎么还可能拿出优秀的客户经理服务甲方？

刚加入 Y 公司的时候，我一个人服务小肯这么大一个品牌，工作量和压力可想而知。好在很快就给了我人头。记得当时我面试了很多人，但就是没有合适的，一着急就把用得很顺手的客户经理挖了过来。小姑娘机灵、做事麻利，尤其是做现场活动的一把好手。成为甲方之后，她的主要任务变成指导全国市场团队，帮他们看方案、审核新闻资料，但这些并不是她的强项。从前线执行变成后方支持后，不仅自身才华无用武之地，还变成"瓶颈"。同时乙方那边，很长时间都没有优秀的继任者接棒。后来，小姑娘还是又做回了乙方，回到了她熟悉、擅长的领域。

这个教训逼着我开始带新人，而且尝试带不同领域的新人。

找到直接可以上手的人才固然好，但这可遇不可求。所以不妨看看那些没有什么经验或者只有单一经验，但可能是潜力股的人。

人才培养是永远的话题，没有捷径可走。

公关部的 KPI

公关部该不该设 KPI？公关部的 KPI 是什么？

这是一个很有意思的话题。

KPI 的设计，方便对组织和人员进行管理、考核、绩效评定，甚至最终决定一个人的升迁加薪。销售、营运、开发、采购、人事、企划、研发等部门，几乎都会在年初规划时设立部门 KPI、个人 KPI。

那公关部有 KPI 吗？先看看一些同行的做法：

- 新闻稿发布。套用广告计算的模式。根据平面广告、电视广告的计算方法，把平媒新闻、电视新闻、网络新闻、软文等一律按照其所在的版面位置、播出时间、网站频道流量等，再结合篇数、尺寸、字数、播出时长等来计算阅览量或浏览量、受众人数和影响力。

- 批评报道管理。"灭"了多少"火"，减少了多少负面影响。

- 关系管理。按照与公司业务的关联性、重要性以及相关人员的职级，设立一个分值，要求一年至少拓展多少新关系和认识什么级别的人。

- 活动管理。做了多少场活动，邀请了多少来宾，对品牌带来了多少影响力。

- 日常工作。做了多少次外部拜访，见到了什么级别的人员，参加了外部什么规格的会议。

- 行政支持。为多少家店的开业提供了支持，拿了多少证照，处理了多少顾客投诉……

记得有一年，我们去一家世界 500 强的公司参观交流，几个部门的负责人轮流给我们做介绍。等到公关部的负责人出场时，她搬出了一本制作精美、非常厚的手册给大家传阅，然后这位负责人骄傲地分享了过去一年做出的成绩——发布刊登在全国媒体的新闻稿剪报，以及计算出来的社会影响力。那本手册也是我迄今看过的计算方法最精细的公关成绩册。

我不能说这些方法一概都不能用，但这种方法计算出来

的 KPI，往往是自欺欺人。公关人不能把它当饭吃，也不能
在关键时刻救急。可能更多时候只是拿出来彰显一下部门存
在的价值。

公关的魅力在于对人心的影响：

- 是否记住你了？有好事会想到你，有不好的事会第一
  时间给你发出预警？
- 看到品牌的正能量新闻，是否为之打动，为你竖大
  拇指？
- 是否理解你的难处和立场，下次还和你打交道？
- 是否自愿做神秘顾客，看到服务不到位、产品有瑕疵
  时，及时通知你进行改善？
- 危机发生时，是否接受品牌诚意和歉意，还愿意再次
  帮衬生意？
- 当你有问题请教时，是否愿意给予真诚的反馈和有效
  的指导……

此时我的脑海里不断循环一个词：口碑。

**公司有口碑，品牌有口碑。人有口碑，团队也有口碑。一
个人的口碑决定了这个人可以走多远。品牌的口碑则决定了品
牌可以走多远。**

这些衡量指标显然都无法用数字体现，更无法变成 KPI
来管理公关团队。

在我看来，公关团队的绩效管理可以分为两个层面，并

根据变化进行动态调整。

- 有效 KPI 管理的内容（基础职能）：
  - 一线店铺支持，例如培训次数、人数，投诉处理数量等；
  - 组织架构、人员招聘等；
  - 行政事项，例如开店支持、证照办理等；
  - 活动数量和频次等。
- 需要多元角度和维度考核评估，非 KPI 管理的内容（核心职能）：
  - 关系地图的梳理、搭建和策略；
  - 品牌宣传的策略、方法、实施及效果；
  - 事件危机的应对、效果及后续修复等。

第二部分评估最花费时间，也是最大的挑战。需要管理人员设计一套专业、智慧的衡量维度和具体指标，但肯定不是一串数字。

人心可以用数字衡量吗？显然不能。那么做人心的公关，又如何用数字来衡量？

如何与国际总部相处

我工作过的两家美国公司是许多在华跨国公司的典型缩影。

  Y 公司入华 30 多年，中国团队从无到有，一路走来慢慢拥有话语权和自主权。L 公司相比而言，成立大中华区的时间很短，一切行动都要听从总部指挥。正因如此，我也有机会真真切切感受到了与美国总部相处完全不同的两种模式。

  在 Y 公司，因为得到了充分授权，我们做事的人与美国总部的相处模式相对简单。在公共事务这个领域，日常新闻发布、媒体回复都由中国团队做主，不需要因为时差关系白天黑夜地等批复。当危机发生时，所有回复需要同步报备总部，但中国团队还是可以自主对外发布。深更半夜正睡着觉，突然接到一通美国同事的电话不奇怪，但好在这种情况不是常态。

  美国总部的 CPAO（Chief Public Affairs Officer，首席公共事务官）一般一年或两年来一次中国，我们团队需要和他做一次全面汇报和回顾。有时候我们品牌负责人还会接到邀请去总部参加全球公共事务年会（Global PA Summit），做优秀项目分享。2006 年，我因为三人篮球赛项目受邀第一次去美国总部交流。青少年三人篮球赛项目的形式、规模、赛制，以及公共事务部在这个项目中扮演的重要角色……可谓惊艳了一众来自全球各地的同事们。在他们眼里，特别是在三人篮球发源地的美国的同事们眼里，这是一个他们不敢想，也做不了，更是压根不可能完成的项目。

　　像 Y 公司中国事业部这种拥有很强自主性的模式，可能是许多跨国公司中国区一心追求的目标，但实现有一定难度。相比而言，L 公司大中华区的状况可能更加具有普遍性。

　　如同 Y 公司的名字知者有限，知晓 L 公司的人更少，但它旗下的品牌被消费者津津乐道。

　　这是一家拥有近 60 年历史的美国公司，但直到 2016 年才在上海成立大中华区总部，2017 年在上海开出了中国第一家全品项旗舰店，属于跨国公司来中国的新丁。之前大家看到的少量门店都是代理商的成果。

　　英语是 L 公司大中华区的工作语言，大大小小的会议、报告、报表、邮件，甚至所有店铺使用的各种工作表单都是英文的。日常工作中，各个团队的工作模式基本上就是白天中国北京时间 + 晚上美国哥伦布时间。为了显示公平，中国团队和美国总部达成了一个不成文的共识。大家的电话会议时间轮流坐庄，也就是今天他早上 8 点（我晚上 8 点），下次我早上他晚上。

　　由于我们团队是完全新创的一个部门，负责大中华区的对外宣传沟通和政府事务，美国总部那边没有一个正好对应的职能部门，所以我需要分别对接他们的对外沟通团队和政府事务团队的两组人员。我的每一次拜访、每一个声明都需要得到总部的首肯；而一向自诩精力旺盛的我却因为各种白天黑夜的电话会议和各种报告而有些招架不住；

同时还因为没有大建制团队的支持，每天都要事无巨细、亲力亲为。

除了大事小事都要汇报总部外，我这里还多了一关要过——随时接受总部法律部（Legal Department）和合规部（Compliance Department）的问询，晚上随时会增加一两个电话会议，几个律师在电话那头问出各种各样的问题。每次我都要有从零讲起、不厌其烦的觉悟，而且要有不气馁的精神。迄今为止，我和律师，还是和几位美国律师打交道最多的经历，就是发生在 L 公司工作期间。这绝对是一段毕生难忘的历练。

感谢我在美国学习，特别是在杜克大学学习的经历。班上一半的同学都是生活在美国的职场精英。尤其是小组学习格外磨炼人，让我充分体会了如何与他们共事相处。我非常受益于这段学习经历。在 L 公司期间，在与美国总部的沟通中，不论对方问出多么奇怪，甚至是有些挑衅的问题，我都告诉自己急不得，一步步来，见怪不怪，见招拆招。

不知道大家有没有类似的发现。许多跨国公司中国区发出的媒体声明或媒体回复，都感觉像是电子辞典翻译出来的，干巴巴、冷冰冰，没有一丝情感，更谈不上文采。更有甚者，语句顺序都极其拗口。这是因为中国区的公关部或公关公司一般都是准备一个中文版本，然后翻成英文，当然也有直接用英文撰写的，先发给总部批准。然后在他们修改的回复基础上，再翻回中文定稿。有时候还要来来回回几易其稿。还有的公司，干脆由律师起草媒体声明。在这种情况下，对最终定稿的中文译版声明的文采和语法就不要做过多期待。

　　在 L 公司，经过很长一段时间的磨合，在我的直线老板中国区总裁的支持下，我和负责审批声明的美国同事终于达成了共识：只要两个版本表达的意思一致，英文版以他们的为准，中文版以我们的为准，至于中文版本的具体表述方法等则充分尊重中文语言习惯和我们的风俗。

　　在取得这个信任和授权的基础上，大家又达成一个共识。大中华区市场部对外发布的新闻，由我们部门审批把关。除非我也没有把握，再报美国总部。但有一个前提，我们需要对把关放行的新闻稿自负责任。虽说责任重大，自找麻烦，但在我看来，这是一个了不起的进步，是一个阶段性的胜利。不是有句话吗？"不是金刚钻，也揽不了这瓷器活儿"。

　　当然，这些都是成功的案例。在与国际总部的沟通过程中，屡屡失败、让人沮丧的回合更多。不过，这才是真实的工作写照。

　　不能说我的心法都有效，但因为有"架"打赢的先例，希望这些小结对大家有一定启发。

不是对方要为难你，只是因为他们真的不懂。把这一条作为双方沟通的基础和出发点，否则很容易负面情绪上身，严重干扰工作质量和沟通品质。

主动积极沟通。把日常沟通（Touch Base）常态化。提前规划好全年沟通时间表，并于年初就在相关人员的工作日程表里锁定时间。

授权、放权是争取来的，不是与生俱来的，更不是天上掉下来的。拿出有质量的东西，用成绩说话。而且这种战斗力要有持续性，这样别人才会放心把工作、决策权交到你手里。

创造机会面对面沟通。首先，每年至少去国际总部一趟，力争见到所有有相关工作关系的同事们，这种沟通方式事半功倍。因为很多美国同事从来没有来过中国，他们真的不了解你的工作背景和内容。其次，可以视频会议就不要打电话，可以打电话就不要写邮件。但最后达成共识的东西，一定要有邮件为证。你要添加美国同事的 WhatsApp、Messenger 和他们的 Facebook、Instagram，同时教会他们下载微信添加好友也很重要。因为你会发现，在下班时间里，如有紧急事情找他们，但是打电话不接，发短信也不回，那么通过这些社交软件一定可以找到他们。

提早规划沟通频率和沟通内容。不能什么都报，不能事无巨细；但也不能只报大事不报小事。不能天天晚上和他们耗着开电话会议，也不能一个月都不和对方沟通，希望他们大撒手。这个度的拿捏要想清楚。

不要排斥其他内部部门的监督。有些跨国公司总部的法律部或合规部和其负责人（General Counsel）拥有很大的话语权，甚至有的公司还把他们设为公关部的直线或虚线老板。所以，心态要平和，不能排斥与他们的互动。

找到关键人，取得支持。你的直线或虚线老板、中国区大老板等都是关键人。同理，在国际总部也要识别谁是你的关键人。取得他们的理解和支持，你的工作会顺利许多。

06

CHAPTER 6

第 6 章

见人见心：公关是一项人心工程

如果说企划做产品，营运做服务，那公关做的就是人心。

做一名有情怀、有格局的公关人。

以一颗赤诚之心做好这份做人心的工作。

心中要有一杆秤

这个部分不是为了灌心灵鸡汤，绝对不是。只是到了这个时间，到了这个阶段，才有的所思所想。

人在年轻时，可以无所畏惧，可以无所顾忌。无论从事何种职业，无论尝试何种新鲜事物，都可以不用问为什么、要什么，只要想做就去做好了。

可能既没有高尚的理想，也没有伟大的追求，我就是我。正如，工作就是一份工作，生活也就是一种生活。但不知从何时起，我开始会想到"信念"这个词。因为它让我对我的工作总是充满期待。

讲真心话，公关这个工种不是靠自己努力、有能力就可以搞定一切的。

职务高、工资高……是不少人选择东家的标准。但身为一名公关人，如果不考虑一些因素，无疑是飞蛾扑火。轻则搞得自己身心俱疲、麻木不仁，重则还可能自毁前程。

衡量一家企业的标准，因人而异。但于一名公关人而言，有许多不得不看的标准。

公司文化和企业价值观

这是根本。一个公关人说什么样的话，做什么样的事；一家公司的危机怎么处理，声明如何写……都是一面镜子，折射出来的就是这家企业的"灵魂"——什么样的公司文化和企业价值观。

如果企业三观不正，或大家"道"不同，一旦企业发生危机了，再优秀的公关人也会无用武之地，甚至被牵连拖累。

公司的商业模式和核心产品

按照风险等级打个分。看看未来有多少风险要去承担，你可能会面对什么样的困难，都有什么样的仗等着你去打。

如果你对自家的产品或提供的服务都没有信心，你如何自豪、有底气地向外界介绍你的公司、产品和服务？你又如何做一名称职的"公关大使"？

掌舵人

老话"上梁不正下梁歪"说的就是这个道理。

你需要了解一下这个当家主事儿的大老板何许人也，他的行事风格如何。简而言之就是他的人格魅力。

这位掌舵人决定了下面一众人的做人、做事态度。关键时刻，他会力挽狂澜，还是会制造一堆麻烦？

作战团队

你的战友们是不是一支可以打硬仗的作战团队？

做公关，没有个人英雄。如果孤勇，结果只会很惨烈。队长不仅要强大，整个团队成员也要训练有素，有勇有谋，相互信任，分工协作。

参加过团队合作训练（Team Building）的人，相信对这个训练都不陌生。一个人背对站在高台上，队员们都在下面，你敢不敢在没有任何保护措施的前提下倒下去，并相信你的队友们可以安全地接住你。这个项目练的就是团队合作与信任。

杜克大学的 Fuqua 商学院在第一个学期正式开课前，所有学生都必须参加 Triangle（三角）训练，这是提升所有成员相互了解和协作的一个户外训练营。其中有一个项目是攀岩（见图 6-1）。以每个学习小组的 6 人为单位，每次 3 人攀爬，3 人在下面拉绳子。高达 6 米多的木墙上共有三条路径，每个踩点的间距都很大，难易程度略有不同。像我这种从来没有攀岩经验的人不在少数。关键是，还有相当一部分老外同学体格庞大，攀岩对于他们而言，绝对不是一项友好的项目。

开始前，我不相信大家都能完成任务。当我贴在上面，上不去、下不来，胳膊和腿一丝力气都没有的时候，欲哭无泪。但下面的队友们一边不停地喊"你可以的，你可以的"，一边指点我往哪个方向移动，还有身边的队友伸出援助之手……就这样我竟然到了顶点。至今我都坚信我是被他们喊上去的。当时还有一个女同学，体重 200 斤以上，攀爬到一半时哭得稀里哗啦，但最后她也成功做到了。我们全班无一人拖后腿。

图　6-1

这对我是一次非常体验。因为这次"非人"训练，每个小组的成员在最短时间里知己知彼。在这种困境里达成的信任，让我们在后续的小组学习中很快解决了许多本来要花费很长时间才能解决的问题。

个人价值和荣誉感

随着阅历的增加、经验的丰富，我越来越意识到工作与个人是一个相互成就的选择与过程。

以自己的公司为荣，以自己的职责为傲。我们全力以赴，实现个人价值的同时，也会帮助品牌实现其社会价值，然后又折射回身在其中努力的我们。这是一种让人向往的正向双赢。

看到这里，可能有人会嗤之以鼻："这也太曲高和寡、阳春白雪、痴人说梦了吧？""我就是一个打工人，这就是一份工作而已。""如果这些因素我都可以掌控，还做什么公关？直接去做 CEO 好了。"

说得没毛病，是周遭现实。找到一份实现自我社会价值的工作，看能力，也要看运气。可能有些人穷其一生，也没有这样的际遇或机会。

诚然，人生在世，不如意事十之八九。太多的人都是为了生计疲于奔命。但无数可能发生的前提，是付出努力在先。

人在职场上少则二三十年，还可能更长。不放弃，才有希望。

如果可以选择，做些欢喜的事情，对自己满意，对未来期许，岂不更好？

做有情怀、有格局的公关人

公关很难仅用"好""坏"二字来区分。在我眼中，只有专业与不专业的区分。这么多年来，我对自己只有一个期许：**做一名有情怀、有格局的公关人，以一颗赤诚之心做好这份做人心的工作。**

没有独善其身

常常听到周围有人说，人在江湖，身不由己。所以就会找各种理由为自己开脱，或成为借口，让本不应该做的事情变得理直气壮。

还记得有一次会后大家闲聊，无意中提到一位公关同仁，一位秘书长揶揄道："前段时间他给我打电话，说最近有些'闲'，可否给他们企业找点麻烦，制造个'危机'？这样就可以彰显他的存在价值。否则哪天他这个职位就可能不保了。"

又有一次，一位办公室主任问我："你认识 ×× 先生吗？""嗯，前同事。"我回答。她有些不屑地说："这位先生三天两头就来拜访我们，也不知道他想干什么。估计他自己也不知道该干些什么，无非就是为了让老板知道他没闲着。"我听罢，心生无奈，但又不由自主地替这位老兄打圆场。

以上种种，想必也是为什么很多人一提到公关，就会有"搞关系"等各种不好的联想。这也是对这个工种有诸多误解的原因。

每次听到、看到外界如此评价公关人，我的内心不起波澜不太可能。有一段时间，我也曾动摇过，不想再做与公关相关的任何工作，但后来意识到自己的骨子里刻着公关人的DNA。时至今日，我依然坚守着这份职业理想，"**让自己内心足够强大，不让自己随波逐流**"。

这应该也是我写这本书的动力之一，给公关正名。

要有随时被骂的觉悟

因为写作此书，打开了若干年前写的博客，里面记录着当时我眼中的小肯和与其一起经历的那些大事小事。

现在回头看，依然可以清楚地接收到文字背后那强烈、浓郁的情绪：对品牌的热爱，对工作的投入，对危机的关切，对指责的在乎，对外界不理解的无奈……

看博文下面的评论，读者也接收到了这些情绪，有说好的，也有嘲讽、批评的。当时开博客之前，我已经做好了充分的思想建设，我清楚地知道利弊并存：好的一面，可以撇去官方声明的严肃，向公众展示品牌和背后公关人鲜活真实的一面；不好的则是由此可能招来更多负面能量，我要有足够的承受力接得住各种审视和批评。

被骂，是很自然的一件事。站在外围的人当然觉得公关人替企业说话。但不能因为这样，就无作为。换一个角度，如果公关人不热爱他的企业，怎么可能做好本职工作？至于是不是一味站在企业的角度歌功颂德，看字里行间就能一目了然。否则"字由心生"从何而来？

公关人要有随时被骂的觉悟。你写出来的东西，总会有人站出来说不好，但是在那个时机点，必须马上做决策的当下，不可能为了让所有人都说好，就错过了黄金的发声时机。所以，行本分，尽职责，在那个当下做出你认为正确的决定。

人心向善

最近我总在琢磨，为什么会有人对公关有误解？这种误解从何而来？

大家在看到企业的负面新闻、批评报道的时候，相信大部分人都会义愤填膺。可以做到客观解读事件，对品牌持理解、宽容之心的人很少。这也是为什么会有耸人听闻的"标题党"，为什么批评稿件总是会带来那么高的阅读量。可能人的内心总会有那么一点点魔性在作祟，看热闹不嫌事大。

因此，这让企业有压力，并把这种压力转嫁到公关人身上，甚至成为他们的 KPI。所以一些公关人见不得批评稿。不论企业对错与否，都以"灭火"为大。

任何事情产生正向的结果，我认为人的因素最重要。各方努力，人心向善，我们的周遭就会不一样。

当年苏总曾给我们公共事务团队题写百字箴言。他将自己对公关的理解认知和对我们的期许全部浓缩在这百字里。后来很长时间里，我们每个人都在努力践行，三省吾身，并温故知新。

"情怀"与"格局"，不仅仅是说说而已，它贯穿在公关人每天的工作和一言一行中。一个人站得有多高，就决定了他看得有多远，也决定了他拥有的世界和舞台有多大。

百字箴言：

诚信为本

公司代表，谨言慎行；着眼未来，经营品牌；

善用工具，马步扎实；有效创新，领动风潮；

广结善缘，精交益友；虚心聆听，真诚建言；

不卑不亢，适如其分；周旋小人，不畏其烦；

严于律己，宽以待人；尽心竭力，依法维权；

择善而为，贡献社会；支持政府，和谐发展。

后　记

　　书稿写好后，一种从未有过的自信与不自信混杂在一起的情绪包围着我。

　　非常佩服能在几个月或者半年内就写完一本书的作家。我花了差不多一年的时间写作，又花了差不多一年的时间改稿，迄今已有 11 版之多。

　　这是一个和自我较劲的过程，也是一个审视自我、怀疑自我、否定自我，再肯定自我的痛苦过程。有几次，脑子里一片混乱，几种不同的声音不停碰撞，一时之间竟然没有了主见。放弃的念头油然而生。

　　好在身边总是有善良的老师和朋友们。每当我泄气时，他们就会给我产生多巴胺的动力，使我咬牙坚持下去，直到给十几万字的书稿终于打下了最后一个句号。

　　把书稿拿给不同的人提意见，有出版人，有作家，有公务员，有记者，有之前一起战斗过的战友，还有最普通的消费者。面对大家的反馈，又是一次次考验我谦虚与聆听水平的过程。

在这近两年的创作时间里，我对公共关系领域的思考和认知，超过了过往二十多年从业经历的总和。为了树立自信，我给自己定了一个起点不算高的目标——把看到的事情、做过的事情和所思所想都整理出来，有所放弃，有所坚持，关键是最终要有系统、有逻辑地归纳总结出来。至少让读者不认为看这百十页纸是在浪费时间。如果还能有所思考和启发，足矣。

本书用了六章阐述我心目中的公共关系，实则远远不够。脑子里有太多想写的东西，经手过的案例又形形色色，这是一个非常折磨人的取舍过程。每一部分，该写些什么、该保留些什么，都经历了来来回回的删改。力求完美，但没有尽头。

终于书稿即将与各位见面了。我会勇敢地、诚心诚意地接受大家的检阅。

一本书的诞生，离不开许多人的付出。这里可能做不到一一提及，但还是要用一些篇幅，用最朴实的语言送上我发自肺腑的感谢：

- 很庆幸遇到我的导师苏总，感谢这么多年来的引领和辅导，感谢他对我写作此书的大力支持。
- 很骄傲和自豪曾经在百胜中国、蕾碧裳等如此优秀的公司奋斗过，感谢曾经一同战斗过的老板、战友和同事们。

- 感谢机械工业出版社华章分社给这份书稿面世的机会；感谢伯乐张竞余老师；感谢秦诗老师陪我一遍遍修改、打磨书稿，感谢她的耐心和包容；感谢幕后默默付出的所有老师。
- 感谢胡峙峰老师在我创作过程中指点迷津，感谢张碧萱老师的无私引荐，感谢何军老师的信任。
- 感谢李元伟副主席给我的关怀、鼓励和对书稿的认可。
- 感谢许闽峰副秘书长、高秉强教授对相关内容的核实首肯。
- 感谢陈勇老师、海波老师给予的宝贵指导和醍醐灌顶的意见。
- 感谢虚石的宋惠恩老师设计了这么棒的封面。
- 感谢唐健盛老师、刘成纪教授、申音老师的真诚推荐。
- 感谢雷燕、朱苨珠不厌其烦地帮我一遍遍读稿，感谢赵建敏、陈红梅、卢军、周迎春和 Kaya 给出的修改建议。
- 最后还要感谢老爸、小米粒、家人的陪伴和加油鼓劲……

想要感谢的人还有很多很多。对关心我、帮助我的每一个人，我都心怀感恩和感激。

推荐阅读

读懂未来前沿趋势

一本书读懂碳中和
安永碳中和课题组 著
ISBN: 978-7-111-68834-1

双重冲击：大国博弈的未来与未来的世界经济
李晓 著
ISBN: 978-7-111-70154-5

一本书读懂 ESG
安永 ESG 课题组 著
ISBN: 978-7-111-75390-2

数字化转型路线图：智能商业实操手册
[美] 托尼·萨尔德哈（Tony Saldanha）
ISBN: 978-7-111-67907-3

杰弗里·摩尔管理系列

畅销30年，全球销量超100万册

ISBN	书名	作者
978-7-111-71084-4	跨越鸿沟：颠覆性产品营销指南（原书第3版）	杰弗里·摩尔 著
978-7-111-68589-0	龙卷风暴	杰弗里·摩尔 著
978-7-111-69518-9	猩猩游戏：高科技潜力股投资指南	杰弗里·摩尔 保罗·约翰逊 汤姆·基波拉 著
978-7-111-65849-8	断层地带：如何打造业务护城河	杰弗里·摩尔 著
978-7-111-46706-9	公司进化论：伟大的企业如何持续创新（珍藏版）	杰弗里·摩尔 著
978-7-111-72546-6	换轨策略：持续增长的新五力分析	杰弗里·摩尔 著
978-7-111-65084-3	梯次增长：颠覆性创新时代的商业作战手册	杰弗里·摩尔 著